Storytelling e suas Aplicações no Mundo dos Negócios

Max FRANCO

Storytelling e suas Aplicações no Mundo dos Negócios

São Paulo
Editora Atlas S.A. 2015

© 2015 by Editora Atlas S.A.

Projeto gráfico e capa: Leonardo Hermano
Composição: Luciano Bernardino de Assis

Dados Internacionais de Catalogação na Publicação (CIP)
(Câmara Brasileira do Livro, SP, Brasil)

Franco, Max
Storytelling e suas aplicações no mundo dos negócios /
Max Franco — São Paulo: Atlas, 2015.

ISBN 978-85-224-9896-3
ISBN 978-85-224-9897-0 (PDF)

1. Arte narrativa – Técnica 2. Arte de escrever
3. Comportamento organizacional 4. Negócios
5. Sucesso profissional I. Título.

15-01999
CDD-808

Índice para catálogo sistemático:

1. Storytelling : Arte de escrever : Literatura   808

TODOS OS DIREITOS RESERVADOS – É proibida a reprodução total ou parcial, de qualquer forma ou por qualquer meio. A violação dos direitos de autor (Lei nº 9.610/98) é crime estabelecido pelo artigo 184 do Código Penal.

Depósito legal na Biblioteca Nacional conforme Lei nº 10.994, de 14 de dezembro de 2004.

Impresso no Brasil/*Printed in Brazil*

Editora Atlas S.A.
Rua Conselheiro Nébias, 1384
Campos Elísios
01203 904 São Paulo SP
011 3357 9144
atlas.com.br

"Dizem que o que todos procuramos é um sentido para a vida. Não penso que seja assim. Penso que o que estamos procurando é uma experiência de estar vivos, de modo que nossas experiências de vida, no plano puramente físico, tenham ressonância no interior do nosso ser e da nossa realidade mais íntimos, de modo que realmente sintamos o enlevo de estar vivos."

(Joseph Campbell)

Aos meus filhos, Arthur e Ingrid.
Eles, as mais bonitas, as melhores histórias.

SUMÁRIO

Prefácio   xvii

I   ***PRÉ-STORY*** **(Manual do usuário)   1**
- a.   O que é *storytelling* ? Quando nasceu? (Onde ele mora? O que ele come? Qual o seu *habitat*?)   5
- b.   Quem não gosta de uma boa história?   9
- c.   História ou estória?   10

II   **A Necessidade do Problema   13**
- a.   Sem conflito não há história   22
- b.   Bandido pop   23

III   **Este é um caso para Freud   25**
- a.   Entendendo o inconsciente   27
- b.   Pílulas para compreender melhor Freud   28

IV Jung entra na história   31
  a. Arquétipos e Inconsciente
       coletivo   34

**V Quer saber criar uma boa história? Saiba
    quem foi Joseph Campbell   37**
  a. Monomito ou Jornada do herói   40
  b. A palavra do mito   41

VI Cristopher Vogler entra na conversa   45

VII A jornada do Herói   49
  a. Os estágios da Jornada   62
  b. O esquema da Jornada   72

VIII Para se escrever uma grande história   73
  a. Receita para se escrever uma boa
       história   76
  b. Os elementos da narrativa   77

IX Histórias que sirvam para   81

X Histórias que ensinem   87
  a. Histórias didáticas   89
  b. Exemplos de histórias   90

XI OS atalhos da PIXAR (*do yourself*)   95

**XII O uso de histórias no mundo
     corporativo   101**

XIII Histórias de motivação   107

XIV Narrativas Corporativas   113

XV Ficção de executivo   119

XVI   Criando a sua história   127

XVII   Biografias de empresas   133

XVIII   A *Bad Story* – Quando a história é mal usada   143
- a. Não basta ter a história, é preciso saber contá-la   149
- b. *Storytelling* do mal   150
- c. Criar é uma coisa. Mentir é outra   152

XIX   *Storytelling* e publicidade   153
- a. Um exemplo de campanha   156
- b. *Cases* de *storytelling* aplicado à publicidade   161

XX   Repertório   163

Referências Bibliográficas   167

AGRADECIMENTOS

Já disse uma vez, eu escrevo porque tenho amigos.

No caso deste livro, reforço mais ainda esse dito.

O caso é que eu nunca escreveria – tão voluntariamente assim – um livro dito "técnico". Sou da Literatura há muitos anos, desde pequeno. Era complicado pensar em trair uma consorte que sempre me foi tão dadivosa e fiel.

Mas meus amigos Luís Rasquilha e Marcelo Veras não me deixaram em paz até que eu assenti colocar no papel a palestra sobre *storytelling* que eu estava ministrando para diversas empresas, faculdades, escolas e consultorias, entre elas a Ayr Consulting, a AMCHAM, VISTAGE, Globosat, CPQD, Inova Business School, Instituto Brasileiro de Formação de Educadores (IBFE), Colégios Anglo, Objetivo, Progresso...

Devo dizer que, exatamente como numa Jornada do herói, a princípio, resisti ao chamado. Escrever algo "fora da Literatura" estava muito longe do meu *habitat* confortável. Porém, como é da minha natureza cevar curiosidade, decidi pôr, de leve, o pé na água para sentir a temperatura.

Esse portal se chamou Joseph Campbell e, devo dizer, não teve jeito de evitar o mergulho depois de conhecer com maior profundidade o *Poder do mito*. Como recusar a aventura depois de Campbell? Seria covardia das maiores! Como rejeitar a jornada mesmo sabendo que não existe vida dentro da zona de conforto? Não teve jeito.

Nessa viagem, também não me faltaram mentores que me guiaram com muita paciência pelas veredas desta selva apelidada de "mundo corporativo". Um mundo completamente novo para mim que passei quase trinta anos trabalhando dentro de escolas, ensinando, conduzindo grupos para viagens educacionais por todo o Brasil e pela Europa e escrevendo livros de crônicas e de ficção.

Quero nomear os meus cicerones neste mundo tão peculiar, porque eles merecem todo o reconhecimento do mundo. O meu sincero obrigado vai para Vilson, Diego Rondon, Ricardo Basaglia, Tadeu Brettas, Verônica Ximenes, e, é claro, para os maiores responsáveis por este livro: Luís Rasquilha e Marcelo Veras. Não fosse pelo enchimento de saco contínuo e gradual dos dois, duvido que este livro migraria da cabeça para o papel.

Agradeço sobremaneira à Renata e aos meus filhos, Arthur e Ingrid. São eles que mais me inspiram e motivam e encorajam e fortalecem. Não há linha que bote num papel ou ato que deposite na vida que não seja feito por causa deles, para eles, por eles, com eles... No fim, tudo que faço – até a inadimplência comum do meu pobre tempo com eles – é para que essa família tenha orgulho de mim.

Antagonistas, também, não me faltaram nestes meses de trabalho: a exiguidade de informações e de referências bibliográficas tratando do tema, a dificuldade de encontrar a minha "voz" ao tratar de um assunto que me parecia, a princípio, tão vago, técnico e teórico, a falta – cada vez maior – de tempo para pesquisar, ler e redigir, o cansaço contumaz em virtude da grande carga de trabalho e, sem dúvidas, o apego à Literatura convencional.

A minha conversa com José Gullo, editor da Atlas, foi um verdadeiro alívio. Foi ele que me deu alforria para "ser quem eu sou". Para poder discorrer sobre o tema com a liberdade que eu precisava. Para não me deixar morrer asfixiado por modelos rigorosos e tecnicistas que não me são palatáveis.

Agradecimentos **XV**

"O texto tem que fluir!", foi o que me disse José Gullo, e é por isso que também quero lhe agradecer. Por me deixar à vontade para desenvolver meus argumentos como bem me apetecesse. E foi o que fiz. Tenho certeza de que meu livro não ficou semelhante aos demais livros técnicos que existem nas livrarias pelo mundo afora. Devo dizer que isso me alegra deveras.

Estou escrevendo agora as últimas linhas deste meu livro. Do meu sétimo livro. Meu único livro técnico. Aprender sobre *storytelling*, por fim, me foi muito importante e acabou me servindo como literato, como professor e palestrante. Agora, sei mais ainda o que preciso fazer para "ganhar" meu público, e as ideias estão me fervilhando a cabeça. Estou seguro de que encerro essa página para, imediatamente, abrir outra, mas numa seara diferente. Dessa vez, no romance que quero escrever. Sobre o quê? Não tenho neste instante a menor ideia, mas sei que será sobre os sentimentos e dramas de ser humano do ser humano. Será sobre mim, sobre nós e, principalmente, sobre você, meu caro leitor, que me acompanha desde a capa até a derradeira linha. Tenho uma enorme e infindável curiosidade sobre você. As suas vitórias, inseguranças, fraquezas, emoções, tristezas, intenções, vontades e derrotas me interessam sobremaneira. E é sobre elas o meu próximo livro.

Por isso, quero também lhe agradecer. Por me inspirar e por me presentear conteúdo para cada espaço em branco que me desafia continuar preenchendo o papel. Obrigado também pela sua lealdade até aqui. Você não capitulou. É uma pessoa condescendente e perseverante, portanto. Ou, por outro lado, também posso ter-lhe agradado, espero.

Espero, do mesmo modo, ter-lhe deixado algo de positivo com este livro. Senão um elixir ou um legado, ao menos alguma compreensão ou satisfação pessoal. Espero, de fato, ter-lhe fornecido uma experiência agradável enquanto você leu estas páginas.

Possibilitar bons momentos, afinal, é pretensão das mais nobres.

Porque se a vida é mesmo uma jornada, é maravilhoso ter as melhores companhias.

PREFÁCIO

Escrever o prefácio de um livro como este é como ser o primeiro a experimentar um vinho de uma nova safra – delicioso. Amo ambos – vinho e escrever. Portanto é uma honra tecer alguns comentários e apresentar esta obra genial e inovadora.

O Max é um cara especial. Corajoso, atrevido e ousado, como poucos que já vi. Aos 44 anos decide promover uma grande mudança na sua vida, pessoal e profissional. Abandona a zona de conforto e se muda da linda cidade de Fortaleza para Campinas, disposto a encarar um desafio enorme em um sólido grupo educacional, onde, depois de pouco tempo, apresenta um desempenho impressionante, diria: revolucionário. Na mala, além desse atrevimento, traz uma vontade de aprender coisas novas, principalmente ligadas à gestão de pessoas e negócios. Começa uma Pós-graduação em Inovação na Educação e decide publicar um livro sobre um dos temas que mais domina: a arte de contar histórias, só que aplicada ao mundo dos negócios. Coisa inédita. Para quem já escreveu seis livros de literatura, vamos combinar que se trata de uma grande ousadia, quase uma loucura.

Mas, como sabemos, o mundo é dos atrevidos. Deixam legados aqueles que ousam fazer diferente, ousam dar a cara para bater, que arriscam pisar em terrenos novos e nunca visitados. Assim é o Max. E assim classifico este texto. Li cada linha antes de escrever este prefácio e garanto que você, caro leitor, não será mais o mesmo após o término da leitura. Não será o mesmo profissional, o mesmo pai, a mesma mãe ou o mesmo filho. O Max, de forma direta, clara e por vezes irônica e divertida, mostra que esta ferramenta chamada *Storytelling*, tão pouco e, às vezes, equivocadamente usada, tem um poder bélico inimaginável.

A tecnologia está democratizada. Tudo hoje, na sua dimensão racional, é copiado em dias e produzido (na China, é claro!) mais barato. Ou seja, está difícil sair da vala comum.

A tarefa de conseguir a atenção das pessoas, sejam elas clientes ou colaboradores, anda cada vez mais difícil, senão heroica. As campanhas publicitárias são cada vez mais "mais do mesmo". Os discursos de motivação e engajamento de colaboradores estão cada vez mais chatos e iguais. A solução? Não tenho dúvidas de que este livro irá lhe mostrar um caminho mais eficaz de acesso à emoção das pessoas as quais você queira envolver.

Poderia apostar que o Max é hoje, no Brasil, a pessoa que mais conhece do assunto. Não tenho dúvidas disso. Uma pessoa com um repertório incalculável e que deixa aqui lições e dicas quentíssimas para sairmos da vala comum e conseguirmos o envolvimento mais efetivo que podemos ter das pessoas – o emocional.

Boa leitura. Divirta-se. Leia uma, duas, três vezes se for preciso. E não economize no uso dessa "arma" poderosa chamada *Storytelling*.

Marcelo Veras
CEO da ATMO EDUCAÇÃO
e Presidente da INOVA BUSINESS SCHOOL

I
PRÉ-STORY
(MANUAL DO USUÁRIO)

NÃO leia este livro.

Isso mesmo: não leia este livro.

Há tanta coisa para se ler ou se fazer neste mundo, por que você teria que ler justamente este livro? As prateleiras das livrarias estão cheias de Drummond, de Manuel Bandeira, de Lispector, de Machado, de Rubem Braga e de Suassuna. Estão atulhadas de Shakespeare, de Platão, de Wilde, de Fernando Pessoa, de Sartre e de Hemingway. Então, para que você abriria mão de tanta coisa fantástica e desperdiçaria seu precioso tempo lendo logo esse livrinho de título esquisito que está nas suas mãos?

Por isso, repito e insisto: não leia este livro!

A não ser que você encontre prazer e serventia nas suas páginas. Porque, se encontrar ao menos um desses elementos, ele já lhe seria útil.

Perceba, caro leitor, que não estou dizendo "não o compre". Comprá-lo é coisa importante e, claramente, de bom tom. Inclusive, pesquisas de opinião recentemente realizadas na vasta região dos Inhamuns atestam que "pessoas munidas de livros (e principalmente de *Storytelling*) atraem mais respeito e confiança". Por isso, não dispense a sua compra. Na verdade, você deveria colocar essa aquisição na primeira linha da sua agenda.

No entanto, depois de adquiri-lo, sugiro que ofereça a ele – com intensa generosidade e desapego interior – quinze minutos do seu tempo para avaliá-lo. É exatamente a mesma dose de dedicação que ofereço aos autores que me caem nas mãos. O meu tempo é precioso e tem muita gente boa por aí que merece ser lida ou ouvida. Não posso exigir dos outros justo o que eu não faço. A incoerência é a pauta dos políticos demagogos (parece pleonasmo, não é?) que mais odeio. Não seria oportuno fazer uso dela quando ela me parece útil.

Portanto, faça isso: me empreste quinze minutos do seu tempo. Eu sei que ele também lhe é caro, por isso não posso lhe pedir mais do que isso: quinze minutos! É minha intenção lhe pagar com juros o seu generoso empréstimo.

Mas, por favor, me doe esse seu tempo de coração aberto. Sem reservas ou preconceitos. Já existe discriminação em demasia com nordestinos. Não precisamos aumentar mais ainda essas taxas de intolerância regional.

Se, depois do período requisitado, você ainda não se convencer a continuar a leitura deste humilde compêndio, não há problema. Doe-o a uma biblioteca. Não o abandone, por favor, numa prateleira fria e impassível. Livro é troço carente. Livro carece de mãos, de toque, de olhos, de mentes. Papel de livro é o de livrar as pessoas de ignorâncias, de tédios acumulados, de horas vazias. Não o relegue a uma gaveta hermeticamente fechada. Faça isso: doe-o. Se não o apreciar, peço-lhe perdão. Não foi intencional ou pessoal da minha parte. Mas não o condene a reclusão perpétua. Doe-o, então, ou perca-o num banco de praça. Doe-o a um inimigo, à sua sogra, ao seu chefe falastrão, ao vizinho naquela festa de aniversário da qual você se esqueceu e, por isso, não comprou presente. Livro quer gente. Livro é para gente.

Este livro, a propósito, se trata de uma ferramenta da qual, cada vez mais, se fala hoje em dia: o tal do *storytelling*.

Você vai ver que *storytelling*, meu caro amigo, é um termo novo para definir algo antigo. Na verdade, antiquíssimo. Quase tão velho quanto a presença do homem sobre a Terra. Tão velho quanto a primeira palavra criada, convencionada e professada por um ser humano.

Neste livro, pretendo lhe contar – também – sobre as origens do *storytelling*. E fazer uma espécie de *storytelling* do *storytelling*.

Depois, vou lhe explicar – sem grandes rodeios – quais são os elementos que enriquecem uma história. Que a fazem ser atraente e quase irresistível aos sentidos (até ao paladar) do expectador.

Também, vou lhe relatar alguns casos onde o *storytelling* foi utilizado com maestria e com resultados melhores ainda.

Porém, principalmente, vou ceder algumas dicas para lhe permitir explorar 100% deste recurso poderoso, que é tão eficaz em atrair pessoas, encantar clientes, engajar colaboradores, envolver alunos.

Por fim, vou tratar de um elemento primordial para quem pretende usar esse expediente nas suas relações interpessoais e na sua vida profissional: repertório. E aviso logo, sem conteúdo, meu caro, vai ser difícil você saber fazer uso do *storytelling* para alguma coisa. Como diz o Djavan, "... sabe lá o que é não ter e ter que ter para dar?".

É complicado. Sem ovos, a omelete é improvável. Por isso, devo lhe advertir, caro leitor, se você não quiser se tornar um exímio *storyteller*, talvez precise mudar algum hábito. Se você quiser se ancorar na preguiça e na mesmice, talvez seja o caso de, realmente, não ler este livro (mas não se esqueça de comprá-lo). Ele poderá provocá-lo e instigá-lo a sair da sua zona de conforto e enveredar pelos caminhos da sua própria jornada repleta de façanhas nunca antes imaginadas.

a.
O que é *storytelling*? Quando nasceu? (Onde ele mora? O que ele come? Qual o seu *habitat*?)

Para responder essa pergunta, nada melhor do que se utilizar do próprio *storytelling*:

Era uma vez, séculos atrás, séculos não, milênios atrás, numa ilha deserta, deserta não que é muito clichê, nas savanas da África, mas savana também é lugar-comum, então, numa aldeia recôndita da região a qual hoje denominamos como os Bálcãs, um caçador forte e destemido. Na verdade, estou maquiando o problema. O fato é que ele era fraco, mais do que fraco, ele era magro, quase tísico, e podia ser chamado de tudo, menos de destemido. O nosso protagonista, de fato, tremia de medo toda vez que tinha que encarar um bicho qualquer. Por isso, os demais caçadores não o perdoavam e se naquela época o nome *bullying* já houvesse sido cunhado, decerto todos diriam que o nosso personagem principal sofria com essa prática diariamente.

Todo mundo sabe que *bullying* é coisa deplorável e, por isso, injustificável, mas – no caso do nosso citado caçador – infelizmente, para ele, explicável, porque o desastre tinha o péssimo hábito de segui-lo aonde quer que fosse.

Os companheiros de caçada, por exemplo, costumavam se reunir ao redor da fogueira, como faziam todas as noites, para relatar as aventuras do dia para toda a tribo. Cada um se esforçando para contar da forma mais mirabolante e inventiva como havia feito para abater a presa que trouxera para a aldeia.

Ele, coitado, nunca tinha nada para contar. A não ser que quisesse relatar como foi atirar a lança no antílope e, em troca, ganhar um olhar de quase desprezo quando a arma ricocheteou nas costas do bicho sem lhe causar o menor dano. A não ser que quisesse narrar como fez para escapar da perseguição que um avestruz lhe impôs. A não ser que quisesse contribuir mais ainda com a destruição da sua imagem e, por fim, atirar uma pá de cal sobre a sua já combalida dignidade. Afinal, tudo que lhe ocorria era sempre malfadado, azarado, equivocado.

Entretanto, ele se lembrava das palavras do pai, as quais, até então, não tinham lhe servido para muita coisa: "Se não der para ser o mais forte, filho, seja o mais esperto!".

Como assim "mais esperto"? O que tem a ver esperteza com caçadas a bestas selvagens que eram maiores do que ele? O que precisava era de força.

E seus braços raquíticos não deixavam dúvidas sobre a sua capacidade muscular.

Como não tinha, nada funcionava para ele.

Até aquele famoso dia.

Ele caminhava sozinho. A solidão lhe caía bem naqueles dias. Não aguentava mais a gozação dos colegas de serviço. A floresta estava estranhamente silenciosa quando um grito rasgou a quietude da tarde. Ele era de natureza covarde, mas a sua reação foi a de correr para onde vieram os reclames. Não foi por coragem, foi por reflexo. A cena, no entanto, com a qual o nosso personagem se deparou lhe fez se lembrar do quanto era frouxo: a garota era jovem e bela, tão bela quanto uma garota que não tomava banho, não cuidava da pele, dos dentes e do cabelo poderia ser. (Tinha literalmente uma beleza "natural"). No entanto, a moça tinha um problema. O problema tinha mais de dois metros, era peludo, e dava toda a pinta de que queria comê-la sem levá-la antes para jantar. A primeira coisa que passou pela cabeça do nosso herói em potencial foi fugir. A segunda e a terceira também. Ele – inclusive – deu dois ou três passos vacilantes na direção da fuga. Porém, uma imagem o fez mudar de ideia: a fogueira. Sim, a fogueira! Afinal, aquela seria uma chance de... isso... poderia ter algo para encantar a todos na fogueira. Enfim, a sua história! Ele poderia ter a sua história! A glória da fogueira dissuadiu-o da sua covardia. Mas, o que faria? Enfrentar o urso voraz? Não seria do seu feitio. Então, o que inventaria? *"Se não der para ser o mais forte, seja o mais esperto"*! *Mais esperto*! Um garrancho de ideia se escarafunchou repentinamente para dentro da sua cabeça. Não era um plano. Teria que evoluir muito para se apelidada de "plano", mas era o que tinha. O caçador decidiu chamar a atenção da besta ensandecida, e por isso ele gritou. Gritou e correu feito louco. O bicho, por sua vez, não demorou a seguir o seu alvo pelo meio do mato urrando terrivelmente. Nosso personagem não era forte nem destemido, mas era rápido, e com o medo que sentia virou uma versão pré-histórica do Usain Bolt. Ele tinha também outra pequena vantagem sobre o animal. Ele conhecia a região e sabia que logo mais à frente havia um grande declive. Chegar ao barranco era o seu sonho de consumo naquele momento. Então, ele correu, correu e correu. E foi com alívio que ele viu o barranco dar lugar ao vazio do despenhadeiro. O urso estava palmos atrás no seu encalço e não esperava que o homem alcançasse, com um salto inesperado, o galho daquela árvore. Foi aí que o bicho perdeu o chão, o chão e a vida quando despencou rolando até o fim do precipício.

A fogueira estava pronta. A mais linda de todas as fogueiras. A própria fogueira. Se pudesse, teria feito um *selfie* e postado no *facebook*. Cardápio? Urso na brasa. O maior dos ursos já caçados pela tribo. Os olhares voltados para ele eram de pura surpresa, mas ali não havia só surpresa. Ele identificava mais um detalhe naqueles olhares. Um tempero nunca antes saboreado: uma deliciosa admiração. Enfim, pela primeira vez, o admiravam. Não só pelo urso enorme que ele trouxera para a aldeia, mas pela bela moça que o acompanhava. Nosso herói havia sido duplamente agraciado pelo destino. Nunca mais seria alvo de chacotas. Nunca mais. Ele agora seria conhecido como "Nhequiiporoá", que era "Grande caçador de ursos pardos" no idioma local.

Por capricho do acaso, a sua mulher era versada na arte dos desenhos rupestres e gravou nas rochas a façanha do seu consorte.

No final, o único caçador que ficou célebre da posteridade foi justamente Nhequiiporoá. Ninguém jamais soube dos caçadores destemidos e hábeis da sua tribo. Somente dele: o corajoso caçador dos Bálcãs.

Até hoje, a estátua de bronze de um homem forte e intrépido segurando a enorme cabeça de um urso recebe os turistas na entrada da cidade de Trogir e representa todo o espírito vigoroso do povo dessa região.

Pronto. Eis o que é *storytelling*. Não precisa mais encher o saco de alguém com páginas e mais páginas de fundamentações, conceitos, exemplos e embromações necessárias para ter o mínimo razoável de volume para justificar a manufatura de um livro. Eu poderia parar por aqui e preservar a natureza evitando que árvores sejam derrubadas apenas para que o meu livro seja feito.

Ei-lo, portanto.

Vá fazer alguma coisa melhor da sua vida. Vá assistir a um jogo na TV, vá namorar, vá passear com o seu cachorro, vá rogar alguma praga em algum desafeto, vá cochilar depois do almoço, vá brincar de lego com seu filho ou trocar figurinhas. Vá se ocupar de algo deliciosamente inútil, como quase todas as coisas boas da vida – de fato – o são.

Porque, aqui, pode dar tudo por terminado. *Consumatum est.*

Ou seja, *The end, C'est fini, Fine, Caput.*

– *Hello*! Ainda está por aí?

Viva a curiosidade! De fato, não fosse por ela, ainda estaríamos no estágio evolucionário do nosso herói dos Bálcãs.

Você não desistiu: bravo! Você resistiu às doces tentações, às seduções do ócio, aos convites da inércia, e decidiu persistir nesta leitura. Você também é um caçador, meu caro leitor! Você não se satisfaz apenas com extratos da natureza, raízes, frutos e sementes. Você quer um bom bife. Parabéns! Pois espero lhe preparar um bom churrasco.

Veja bem: a historinha do caçador é um exemplo de *storytelling* sobre *storytelling*. Veja como eu sou engenhoso (e humilde): eu utilizei o *storytelling* para explicar o *storytelling*. Praticamente um gênio...

b.
Quem não gosta de uma boa história?

Os estudiosos, antropólogos e historiadores, atestam que gostar de contar e de escutar narrativas é um comportamento ancestral da humanidade. A aplicabilidade moderna do *storytelling* é uma pulsão natural justamente porque é um recurso utilizado desde os tenros anos do ser humano. Temos uma memória genética desses comportamentos. O caçador paleolítico, decerto, relatava para uma assembleia atenta às façanhas da sua caçada. Sócrates caminhava pela ágora narrando histórias para os seus seguidores. Cristo circulava pela Judeia criando parábolas para os seus discípulos. Os menestréis seguiam de cidade em cidade cantando seus versos e detalhando os atos heroicos dos cavaleiros cruzados e das lutas contra inimigos formidáveis. Apreciar histórias é dos aspectos mais comuns, antigos e profundos da alma humana. Todo homem, *a priori*, gosta de contar e de ouvir boas histórias.

Acho também simpático que os homens continuem se reunindo ao redor de uma luz para escutar histórias. Antigamente, ao redor da fogueira. Hoje, ao redor da luz emitida numa sala de projeção, ou a luz da TV ou de um computador. É interessante dar-se conta de que História, de certa forma, pode ainda ter algo a ver com luz. Que ela esclareça e aqueça, então.

C.
História ou estória?

Agora lhe pergunto: histórias ou estórias. Compliquei a sua vida? Pois espere que vou simplificar. Não existe "estória" em Língua Portuguesa. Não? Pode conferir. Dá uma olhada lá no Aurélio. Existe *story* em inglês. Que se convencionou que seria a rigor o relato muita vez fictício. Enquanto *history* seria o registro formal, baseado em fatos verídicos compilados por historiadores nos livros do gênero. A língua portuguesa, por sua vez, não admite essa diferenciação nem essas grafias. O que vai definir o que é História ficcional ou factual é sempre o contexto.

Não vou tornar o discurso ainda mais complexo entrando na seara de discutir se a História registrada nos livros é ou não verdadeira. Entrar nesse mérito seria complicadíssimo, apesar de igualmente instigante. Mas podemos já ensaiar alguma reflexão, só para não fugirmos completamente dessa fértil questão. Lembremo-nos da história do nosso caçador. Você acha mesmo, caro leitor, que o nosso protagonista compareceu à célebre fogueira e revelou que o seu êxito ao matar o urso foi mera junção de ousadia e sorte? Decerto, mesmo sem ter lido este maravilhoso livro, ele fez uso do *storytelling*. Ele tinha algo a vender. Ele precisava difundir a ideia de que ele não era apenas um covarde e um desastrado completo. Ele queria amealhar adeptos para o seu projeto *upgrade* na sua imagem de "caçador indômito". Ele queria mudar o posicionamento do seu produto. Ele precisava de gente engajada na sua causa, que deveria, por força, deixar de ser particular e se tornar coletiva. Ele precisava de colaboradores, de parceiros e, é claro, de clientes para sua empresa. Ele, portanto, fez uso desta poderosa ferramenta de encantamento, o *storytelling*. É para isso que serve a "arte de contar histórias": para encantar!

Como deve ter feito o nosso protagonista? Teria relatado que contara com a sorte para sobrepujar a besta? Você faria desse jeito? Você atenuaria o seu heroísmo ou desmereceria a sua coragem? É assim que você faz quando logra uma vitória importante na sua vida? Ou você ressalta a sua audácia e as suas virtudes? Está lembrado de que ele era o humilhado da tribo justamente pelo contrário? Ou ele teria feito uso dos vários recursos da língua para narrar como "com as próprias mãos, ele matou a fera"? O que você faria no lugar dele? (ainda mais com aquele troféu-mulher-bonita a tiracolo para provar o seu êxito!) Diga-o honestamente.

Você se recorda do desenho na rocha? Mostra um pobre urso escorregando numa ribanceira ou um caçador orgulhoso empunhando a cabeça decepada da enorme besta? Não se esqueça jamais, meu amigo: a história foi (e ainda é) escrita pelos vencedores. E ninguém, absolutamente ninguém, é totalmente imparcial. Os registros históricos estão repletos de crônicas *suspeitas*, muitas patrocinadas por aqueles que estavam no poder quando elas foram feitas. Reis e generais tinham no seu séquito poetas pagos para engrandecerem os seus feitos, ou mesmo para os criarem. Para a França, por exemplo, Napoleão é um herói. Perguntemos para os espanhóis, ou para os portugueses, ou para os russos se eles concordam com esse heroísmo. O que diriam do invasor Cortez (se tivessem voz) os povos dominados da Nova América? Para Roma, Júlio César era um herói, um conquistador. O que diriam os gauleses ou os celtas? Para o Brasil, Duque de Caxias é merecedor de estátuas em praça pública. Que tal a gente procurar ao menos um simples busto desse senhor no Paraguai. Duvido que a gente o ache.

Moral da história: não creia em tudo que você lê. Não é porque está escrito no livro tal ou na enciclopédia Barsa, para os da minha geração, ou na wikipédia, da atual, que é, obrigatoriamente, verdadeiro e que, de fato, aconteceu. Acredite no que lhe ensinou a sua mãe: não aceite coisas de estranhos. Confiar é uma moeda muito cara. Leia. Informe-se. Cruze informações. Investigue. Questione. Levante hipóteses. Mas não acredite em tudo só porque está escrito. Lembre-se: quem escreveu foi uma mão humana e não a de Deus. Mãos humanas são capazes de muitas coisas. Nesse caso, aja sempre como os mineiros. Desconfie. De quê? De tudo. Até do que você está lendo agora? Principalmente! Eu também não sou imparcial. Eu também quero lhe convencer de algo. Eu também tenho meus motivos. Resta saber se são torpes ou decentes. Eu sou suspeito para dizê-lo, mas espero que você os descubra até acabarem estas páginas (e espero, também, que você não as queime no final!).

II
A NECESSIDADE DO PROBLEMA

VOU lhe contar mais uma historinha. Dessa vez, para ilustrar como precisamos de problemas na nossa vida:

O nome dele era Acrísio

O nome dele era Acrísio.

Não me julgue por isso, caro leitor, responsabilize os pais.

Na verdade, se você insistir em acusar alguém culpe toda a sua árvore genealógica. O pai, por exemplo, se chamava Crisóstomo. A mãe, Griselda. Talvez para não destoar muitos, os próximos a apelidaram de Criselda.

Ele nascera justamente durante a crise de 1929 enquanto a mãe padecia de uma crise renal e conjugal. (Só não se sabe bem o que veio primeiro!).

Talvez por tudo isso, Acrísio vivia permanentemente uma situação crítica.

(Sei que soou algo infame essa conjectura e, por isso, prometo não abusar do termo "crítica", ao menos nesse sentido. A crítica não me perdoaria e há sempre quem critica e critica por qualquer motivo!).

Acrísio se denominava um sobrevivente a crises. Havia escapado de tantas que se surpreendia com a sua própria resiliência (usei esse termo que anda muito em voga por aí, mas não vou lhe explicar o que significa. Sugestão: caso você desconheça o seu conceito, vá à luta!). Ultimamente, havia escapulido de uma crise de hipertensão, de uma crise de nervos e, principalmente, de uma crise aérea, afinal, no último ano, tinha a impressão de que havia gastado mais horas escorado em cantos de paredes de saguões de aeroportos do que dentro de aviões em toda a sua vida. Achava, porém, que, mais cedo ou mais tarde, seria mesmo era mais uma vítima da crise ambiental e ficava só esperando a iminência de um tufão ou tsunami que lhe varreria para sempre da face da Terra.

Mas, preocupado, preocupado mesmo, foi só recentemente que Acrísio ficou. A crise financeira arrebentou com ele. Com a queda das bolsas, da noite para o dia, perdeu quase tudo que acumulara na vida.

Naquela manhã de sexta-feira, o infeliz decidiu pôr fim de vez nas suas crises e cometer suicídio. Planejou tudo bem direitinho. Faria uma carta oportuna e melodramática culpando o mundo inteiro pelos seus infortúnios e se lançaria do quinto andar da Torre do Del Paseo, num voo seguro para a morte. Seguro? Quinto andar? Nem tão seguro assim. Mais, do décimo. Melhor garantir morte que aleijão. Pensou o autocondenado e defunto em potencial Acrísio.

O problema é que o Destino ou o Deus das coisas e dos seres vivos não gostava nadinha de fazer a vontade do pobre Acrí-

sio. Era uma questão de implicância pessoal. Um capricho gratuito. Porque, justamente no dia em que decide se suicidar e estava já resignado com a ideia – tinha até escolhido um epitáfio sóbrio para adornar seu túmulo cálido –, ele observa algo esquisito ao seu redor. Tal qual um urso polar não tardaria a estranhar caso despertasse no deserto do Atacama, ele não demorou a compreender que algo havia se alterado no seu habitat: as esquinas, as notícias, as pessoas... e, por que não dizer, o mundo.

Estava tudo inexplicavelmente calmo!

Os jornais relatavam um fenômeno sem precedentes: um surto de acordos internacionais que havia banido do planeta toda sorte de injustiça, exploração, fome e miséria.

Essa iniciativa promoveu um efeito cascata de tranquilidade e, rapidamente, contagiou o comportamento de toda a humanidade, a qual, de repente, se percebeu mais tolerante e parcimoniosa.

Era isso que Acrísio estava estranhando: a harmonia entre os seres humanos.

– Casais há muito intrigados se abraçavam ternamente e solicitavam escusas recíprocas.

– Bandidos foragidos e políticos arrependidos se entregavam voluntariamente às autoridades (Nunca se vira tanta gente engravatada em delegacias!).

– Rivais se reconciliavam.

– Pecadores se confessavam.

– Prostitutas trabalhavam de graça (parecia carnaval!).

– Vendedores de carro e advogados diziam a verdade.

– Times adversários se felicitavam pelo esforço mútuo.

– E muitas, muitas outras ações de solidariedade e cidadania explícitas atulhavam as ruas, as casas, os estabelecimentos...

Acrísio não era fiador dos seus próprios olhos.

No início, ficou estupefato. Depois esse sentimento migrou para uma rejeição desconfiada.

Não demorou muito para começar a desprezar completamente aquele clima de felicidade popular – a qual ele denominou de histeria e sandice coletiva.

Acrísio, na verdade, se flagrou tendo saudade da intriga, da avareza, da baixeza, dos embates cotidianos, das trombadas sociais. Ele se deu conta de que o mundo sem conflitos era um mundo inóspito e tedioso. A felicidade entorpece. A angústia inquieta. A agonia desacomoda. A dor produz.

Foi com muito sofrimento que ele descobriu que respirava melhor no caos.

Foi aí que se abateu pesada sobre ele toda a melancolia desse mundo.

Acrísio procurou nos seus próprios protocolos uma definição para essa ausência de crise. Essa espécie de "crise da crise" e – sinceramente – considerava-a pior e mais perniciosa do que a crise dos alimentos, da saúde e da educação, todas somadas. Porque lhe parecia que poderia ser mais duradoura e intensa.

Foi aí que veio o alívio porque logo pousou sobre Acrísio uma avassaladora crise existencial. Ele, enfim, retornara ao seu habitat.

Fiz uso desta crônica publicada no meu livro *Palavras aladas* para ilustrar o fenômeno que costumo batizar de "A necessidade do problema".

São diversas as razões que estimulam o ser humano a mentir. Gente, bem sabemos, é troço mentiroso. Bicho, por exemplo, não mente. Inseto não mente. Planta é destituída de mentira. Já gente...

O ser humano mente pelas mais diversas razões. Para esconder o erro. Para maquiar o feio. Para aumentar o mérito. Para manter o amigo. Para zelar pelo casamento. Para garantir o emprego. Para ganhar afeto. Para comprometer o desafeto. Para arranjar dinheiro. Para fazer a venda e, assim, arranjar ainda mais dinheiro. Mente por tudo, para tudo e para todos, até para si mesmo. Mas nem sempre é por mal ou de propósito.

Sabe de uma mentira que muitos costumam repetir e nem se dão conta? É aquela de que "querem paz". Isso é uma grande balela. Se as pessoas quisessem paz, teríamos uma migração em massa para a zona rural ou para as pequenas cidades litorâneas. É o que acontece? Você está se mudando com a sua família para uma casinha de pescador num lugar isolado e, de tabela, pacífico? Duvido.

O que você faz no seu fim de semana? Você vai para um mosteiro meditar? Já pensou em se expatriar para o Nepal?

O que você faz com o seu tempo livre? Por acaso, vai assistir a algum filme, ler um romance ou conferir a novela? Se costuma usar desses expedientes, devo lhe dizer que problema lhe agrada, tanto que você adora acompanhar os problemas dos outros, e outros que nem sequer existem.

Vai acompanhar os noticiários? Certo. E, geralmente, as notícias tratam do quê? Posso tentar adivinhar?

Você se casou? (E ainda quer me convencer de que não gosta de problemas?!).

Você é sozinho? Solidão é coisa problemática, meu amigo! Vá por mim: problemas acompanhados são mais interessantes.

Você tem filhos? (Sem comentários!).

Fora isso, há quem opte por profissões essencialmente dificultosas: advogado, jornalista, agente funerário, médico, professor, dentista... Estes só existem porque existem problemas.

Por sinal, qual profissão existe que não seja para resolver problemas? Bombeiro? Policial? Professor? Esteticista? *No way*! Resolvam os problemas do mundo e todos estaremos sumariamente desempregados.

Mas, aí você, leitor atento, poderá me questionar (e você mesmo me arrumar um problema): – E os artistas? Os esportistas? Que dificuldade solucionam?

– A do tédio, é claro! – eu responderia.

Atualmente, ainda há algum ser humano que duvide que artistas e esportistas sejam de vital importância para a humanidade? Quais outros indivíduos, além deles, melhor preenchem nossas lacunas existenciais? E o que são lacunas senão problemas?

Alguém se habilitaria a dizer para um músico que não é um problema encontrar a rima certa ou a nota adequada para concluir a sua canção?

Alguém declararia para o poeta angustiado, no auge da aflição por não lograr a palavra adequada para pôr fim ao seu poema, que isso não é um problema?

E de tanto que apreciamos o problema que ele está presente na nossa vida em cada ato nosso.

Estudamos para preencher o vazio (problemático) da nossa ignorância.

Trabalhamos porque morrer de fome seria um grande problema.

Lemos romances, vamos ao teatro e assistimos a filmes porque queremos ver como os outros resolvem os seus problemas.

Namoramos, noivamos e casamos porque arrumamos o problema de não conseguirmos mais viver sem aquela pessoa (e aí arranjamos um baita problema!).

Torcemos pelos times que torcemos porque os problemas do time foram adotados, voluntariamente, por nós (Eu sou vascaíno. Daria para convencer alguém de que não gosto de problemas?!).

Jogo de futebol, meu caro, ou qualquer esporte, é o problema com hora e lugar marcados. Seja você expectador ou praticante, competir é o problema por excelência. Porque são dois lados almejando que o outro perca. Um problemão!

Fazemos dietas para entrar em forma porque aceitamos que ficar fora de forma ideal é um problema.

Vez por outra me flagro mastigando cismas sobre a convivência entre os seres humanos, entretanto posso confessar que ainda não cheguei a nenhum tipo de conclusão. Na verdade, não sei se tinha mesmo intenção de resultado. A gente pensa porque pensa – apenas isso.

Conviver, por exemplo, é um grande problema. É especialmente difícil porque o ser humano é realmente o troço mais ambíguo que existe. E é, ainda, um recurso natural praticamente inesgotável. Afinal, as pesquisas apontam que morrem 150.000 pessoas por dia, enquanto nascem 211.000. Investir na vida, então, é o melhor negócio. O lucro das maternidades, portanto, vem sendo maior do que o das funerárias. No entanto, a conclusão é óbvia, senão grave: caso não apareçam epidemias novas de amplitudes arrasadoras, guerras fornidas com armas de destruição em massa ou genocídios de escala ruandense, teremos mais e mais problemas gerados pela superpopulação mundial. Coisa em excesso é gente.

– O mundo é uma fila. – É do que ando me convencendo ultimamente. Na verdade, quanto mais passa o tempo, menos me torno afeito a aglomerações. Por sinal, não foi só uma vez que declarei que odeio pessoas. De fato adoro gente, mas pessoas me cansam gravemente. Gente é à la carte. Multidão é comida a quilo.

Por isso, acredito que conviver seja um dos maiores desafios que existam na vida de qualquer um. E pior: nem sequer a opção de não conviver seria simples na atualidade, a não ser que você tenha os impulsos eremitas necessários e tenha, ainda, obstinação para buscar um lugar tão inabitável que lhe forneça a desejada solidão.

Foi o que aprendi sob a batuta da vida: que as vitórias se achegam por mérito ou pelo acaso. E que sucesso – em qualquer coisa – ocorre só com a intercessão dos dois. Isto é: um susto. O sucesso é sempre o maior susto. Eu sei que é angustiante de se dizer, mas é possível se lutar uma vida inteira e não se obter êxito em diversas das suas empreitadas. É triste, mas há sempre os acometidos de incompetência crônica. E há também o azar que, de fato, existe. E, da mesma forma, há sorte. O problema é que não dá para contar com ela. Como diz o hexacampeão mundial de Fórmula 1, Michael Schumacher, "Quanto mais trabalho, mais sorte eu tenho". Resta-

-nos, portanto, a luta. A luta diária. A suada, dedicada, devotada, sôfrega, luta nossa de cada dia. Aquilo que – por fim – empresta algum remoto sentido à vida: a luta.

E de problemas e superações, vamos preenchendo a vida.

a.
Sem conflito não há história

É isso mesmo: problema é o que mais desejamos. E digo: não faz mal. Não se desespere caso concorde comigo (Isso seria um problema!). Você não é masoquista se concordar comigo. Masoquista seria se você procurasse encrenca. Encrenca é diferente de problema. Quem procura encrenca é burro. E inteligente é quem procura o *problema certo*.

Queira ou não, problemas, dificuldades, metas, desafios, obstáculos são necessários, pois precisamos de um quinhão constante deles para que a nossa vida possa ter algum sentido. Assim, vivemos solucionando alguns aqui e providenciando outros acolá. É instintivo! Se não, você simplesmente se sentaria numa cadeira de balanço, vestiria um pijama confortável e esperaria a morte vir lhe resgatar desse enorme problema que é viver.

Mas a morte seria mais um problema.

Há quem diga que, esse sim, sem soluções.

Então, para finalizar, desejo um bom problema para você.

Mas, apenas do tamanho que você possa resolver sem se desgastar (demais!).

Se ele for grande, não esmoreça, maior ainda será você.

E relacionar-se adequadamente com os demais é mesmo uma luta titânica.

Porque nada neste mundo é tão imprevisível e complicado quanto gente.

Porque, inclusive, quanto mais gente alguém é – ao mesmo tempo e na mesma medida –, mais complexo também ele é. (Pessoas extraordinárias têm repertório vasto. Confira!)

A necessidade do problema **23**

Porque ninguém é simples. Simples são os bichos, as plantas, os minérios, as amebas e os protozoários. Gente não nasceu para ser simples. Gente – por sinal – não nasceu para nada. Gente nasce porque nasce e se torna o maior fornecedor que existe no mundo de tristezas ou de alegrias. E, tantas vezes, de ambos. Gente, portanto, é também problema.

Pense bem e você vai acabar se dando conta de que, na verdade, você é afeito a problemas. Mas isso, não obrigatoriamente, vai determinar que você precisa de terapia em virtude de uma possível compulsão natural de natureza masoquista. Isso, meu amigo, só quer dizer que você, de fato, é um autêntico espécime dessa tal de raça humana.

Tratemos, por exemplo, só deste pequeno item: você aprecia assistir a filmes, ou a séries de TV. Por que você gosta desse tipo de entretenimento? No fim, o seu interesse não é o de acompanhar como o seu personagem vai escapar do problema no qual se meteu? É ou não? Então, veja bem como você aprecia problemas. E tem que ser grande, porque, se não for, o livro, ou o filme, ou o episódio é chato, é tolo, é fraco. Fraco por quê? Porque não lhe trouxe emoção. Você não foi capaz de se evadir da sua vida quase sempre muito desinteressante para realmente se importar com a realidade daquele sujeito, que, por sinal, muitas vezes, nem sequer existe ou existiu. Tudo, de fato, o que desejamos é saltar por cima dos nossos problemas usando os problemas dos outros como trampolim. Viva a "boa" alienação!

Por isso que repito: nós amamos problemas! Não fosse o urso, qual obstáculo teríamos para desafiar o nosso caçador? Viva o urso! Na verdade, aquela fera salvou a vida do nosso herói (A estátua deveria ser dele!).

b.
Bandido pop

Eu ouvi, certa vez, antes de assistir a uma *corrida de toros* em Madri, que quem faz o toureiro é o touro. Quanto mais feroz e violento for o animal, maior deve ser a habilidade e a coragem do seu desafiante. O toureiro vive um dilema estranho: ele torce por um touro lutador, forte e bravio, mas também – é claro – torce (por razões bem pessoais) para que seja capaz de superar a fera. É exatamente isso que a maioria das pessoas deseja: um desafio para superar. Mas não um desafio qualquer, desagradável, maçante ou vexatório, mas o "desafio certo".

É isso que nos inspira. Quando assistimos ao James Bond conquistar as mulheres mais lindas, guiar os carros mais fantásticos e vencer os inimigos mais terríveis, nós, seres humanos ordinários e entretidos nas nossas vidas tediosas, não só escapamos delas por 120 minutos, mas também nos encorajamos a superar os nossos bandidos cotidianos: os desafetos do escritório, o cliente desagradável, a sabotagem dos políticos, o mau humor do cônjuge, a inércia da sua preguiça... Afinal, só o que não falta nesta vida é adversário para ser superado.

É um processo compensatório! Uma catarse!

É para isso que gostaria que você se atinasse, caro amigo: quando você acompanha uma história, ficcional ou não, na verdade, você está revisitando o seu "eu" primordial, ancestral, apriorístico. Você está acenando, dando um "oi", para aquele homem das cavernas que ainda habita em algum lugar dentro de você.

Você está sendo essencialmente humano, porque está arraigado na humanidade o apreço por histórias. Isso está no nosso arquétipo.

"Arquétipo"? Sim, para aprofundarmos isso, vamos ter que fazer uma breve visitinha ao tal do *Inconsciente*.

III
ESTE É UM CASO PARA FREUD

ANTES de qualquer coisa, preciso lhe avisar, caro leitor, que vou precisar adentrar em territórios bem específicos da Psicologia. Resta-me, então, torcer para não ser excomungado por algum atual papa da Psicologia Moderna e para que Freud ou Jung não saiam dos seus túmulos a fim de perturbarem o meu sono noturno.

Na verdade, eu só me aventuro nessa temática porque é impossível falar da importância do *storytelling* para a humanidade sem tratar do que Freud chamou de "Inconsciente".

a.
Entendendo o inconsciente

Para Freud, o Inconsciente conteria todas as nossas experiências acerca da realidade, inclusive o que não – automaticamente – teríamos acesso, como memórias, sentimentos, impressões e pensamentos. De lá, também brotariam nossos medos, paixões, desejos e a nossa criatividade.

Freud demonstra nos seus *Psicopatologia da vida cotidiana* e *A interpretação dos sonhos* que há significados não expressos e aparentes em atos falhos, esquecimentos e, é claro, nos sonhos. A sua metáfora do *iceberg* é já bem conhecida, onde a parte submersa, que é bem maior do que a que está na superfície, representa todo o imenso acervo do nosso inconsciente. Ele é o nosso lado ainda misterioso e obscuro, até para nós mesmos.

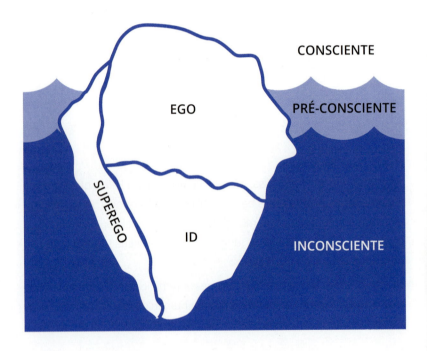

b.
Pílulas para compreender melhor Freud:

– O Consciente existe em um nível superficial, ao qual temos facilmente acesso.

– O Consciente está à mercê do Inconsciente.

– A mente consciente é apenas a ponta de um imenso *iceberg*, um complexo reino psíquico.

– Tudo que é Consciente submergiu do Inconsciente, mas nem tudo que se encontra nessas profundezas obrigatoriamente se tornará consciente.

– As lembranças que não fazem parte das nossas memórias cotidianas e que não foram reprimidas estão no que ele chama de pré-consciente. Podemos, portanto, acessá-las a qualquer momento.

– Os impulsos e as ideias que nos são muito dolorosos para serem trazidos à consciência são reprimidos e guardados no Inconsciente.

– O Inconsciente é quem dirige os pensamentos e os comportamentos do indivíduo.

– O Inconsciente é também a dimensão onde habitam as pulsões biológicas e instintivas, as quais garantem a nossa sobrevivência e, contraditoriamente, também impulsos autodestrutivos.

– A psicanálise é o processo pelo qual podemos trazer à Consciência esses elementos reprimidos e aliviar a tensão psíquica entre os nossos pensamentos conscientes e inconscientes.

– A psique divide-se em ID (pulsões primitivas), EGO (pensamento consciente) e SUPEREGO (voz crítica).

– A interpretação dos sonhos é a principal via de acesso para se conhecer as atividades inconscientes da mente.

– A análise permite trazer à tona sentimentos, angústias e recalques a fim de gerar a "catarse", que é a sensação e liberação dessas emoções profundas e memórias aprisionadas.

Freud teve todo o mérito do mundo nas suas descobertas, as quais foram fundamentais para a evolução do pensamento humano, para o nosso autoconhecimento e para diminuir os sofrimentos das pessoas. O seu legado é, de fato, revolucionário. Foi ele, afinal, que primeiramente defendeu a ideia de que a vida do homem não é regida por Deus, mas pela própria mente, e, em especial, pelo seu Inconsciente. Concordando ou não com ele, ninguém pode negar que Freud é um daqueles sujeitos que – podemos dizer – mudaram o mundo.

IV
JUNG ENTRA NA HISTÓRIA

CARL JUNG nasceu na Suíça e a princípio atuou como psiquiatra. Foi só depois de conhecer o trabalho revolucionário de Freud que se tornou psicanalista. Ele foi um brilhante seguidor de Freud, até que certas divergências teóricas causaram afastamento entre eles. Jung fundou um ramo da Psicologia denominado Psicologia Analítica.

A grande contribuição para a Psicologia provocada por Jung tem a ver com o tal "arquétipo" (em latim, *archetypum*: primeiro modelo) e com o conceito de "Inconsciente coletivo" que ele criou.

Mas o que é arquétipo?

Permita-me, caro leitor, mas vou ter que apelar para uma metáfora. Disseram-me certa vez que a metáfora era a ilustração para adultos. Isso mesmo: a gente nem sempre percebe, mas a metáfora exerce a mesma função para nós adultos que o desenho presente num livro de histórias para crianças. A capacidade de realizar associações, de relações, de fazer enxergar. Nada melhor do que a metáfora para promover tudo isso. Tudo indica que Jesus e Buda eram mestres no ofício de criar metáforas. Por isso se comunicavam tão bem?

Eu sei que estou longe de ser mestre em alguma coisa, mas, nem por isso, posso me privar de fazer uso desse expediente tão útil para comunicação.

– Pense num carro, por exemplo. Desde a sua invenção até o presente momento, o carro sofreu muitas alterações, passou por diversas evoluções e, atualmente, existem inúmeros modelos. No entanto, desde o início e por toda parte, todo carro tem roda, motor e direção. No caso, há elementos em um carro que são essenciais. Há fatores comuns, primordiais e indissolúveis que funcionam como pré-requisitos do que faz um carro, de fato, ser um carro.

– Nós, seres humanos, também temos os fatores comuns, não só na nossa estrutura física, mas, principalmente, na nossa psique. É o que Jung denomina de "inconsciente coletivo" e, principalmente, de "arquétipos".

Estamos adentrando nesta verborragia mais técnica, caro leitor, não por culpa minha. A questão é que seria praticamente impossível tratar de *storytelling* sem chamar Carl Jung para a conversa.

Jung, entre outras coisas, foi o cidadão que cunhou alguns termos que ganharam popularidade e são usados até o dia de hoje, como, por exemplo, introvertido, extrovertido e, é claro, inconsciente coletivo, que é, como ele denomina: a "camada mais profunda da psique".

a.
Arquétipos e Inconsciente coletivo

O **inconsciente coletivo** é todo o material herdado que, possivelmente, é comum a todos os seres humanos. É o conjunto de arquétipos. Compliquei? Vamos ver se descomplico. Para Jung, **arquétipo** é o termo usado para se referir às estruturas humanas mais primitivas e inatas, as quais servem de base para a manifestação e desenvolvimento da psique. Arquétipo é uma espécie de imagem anterior tão intrinsecamente presente no inconsciente coletivo do ser humano que se projeta nos diversos aspectos da sua vida. Como ocorre nos sonhos e nas narrativas.

Jung afirma que essas "imagens primordiais" se originam de uma interminável repetição, através de muitas gerações, de uma mesma experiência. Os arquétipos, então, são tendências estruturantes e invisíveis encontradas nos símbolos e, por serem anteriores e mais abrangentes do que a consciência ou a racionalidade, eles criam imagens ou visões que, de certa forma, tentam compensar ou equilibrar alguns aspectos da atitude consciente do sujeito. Essas "compensações" acabam vindo à tona nos sonhos e, também, nos mitos produzidos em todas as latitudes pela humanidade.

Os arquétipos, portanto, atuam quase de forma autônoma e tendem a produzir, em cada geração, a repetição e a elaboração dessas mesmas experiências, quase que intuitivamente.

Estou certo de que você entendeu, mas, mesmo assim, vou apelar para outra analogia: Imagine uma criança. Imaginou? O que ela está fazendo? Eu apostaria (não em dinheiro, porque minha mãe me proibiu de brincar com fogo e com dinheiro) que a maioria vai responder brincando. Por quê? Porque este é o arquétipo da criança. *Brincar* está no inconsciente coletivo da criança. Como cuidar do filho é o arquétipo da mãe. Como prover a família, até um dia desses, era exclusivamente o papel do pai, e, por isso, o seu arquétipo.

– Então, quer dizer que, ao ver um garoto jogando futebol na rua, eu posso declarar que estou observando o arquétipo da criança?

– Não obrigatoriamente, meu caro eu-mesmo-com-terrível-hábito-de-fazer-perguntas-difíceis. A prática de brincar é um dos arquétipos da criança, como é a busca pelo se divertir, se alegrar, e, também, a birra, a impaciência... Crianças de todos os tempos ou brincaram ou tinham um impulso natural que as levava a brincar. Crianças de todas as nações, dos lugares mais inóspitos, das regiões mais isoladas, seja nas tribos indígenas do Xingu ou nas ruas de Detroit, gostam de brincar. Esse é o arquétipo da criança. Mas brincar de futebol não é um arquétipo. O futebol é um advento moderno. Tem pouco mais de cem anos. Não é uma prática ancestral nem sequer universal. É mais uma construção cultural do que uma manifestação do inconsciente coletivo de um povo. Dê ao menino pequeno uma boneca e ele vai brincar com ela. Entregue um carrinho para uma menina e ela fará o mesmo. Meu pai, por exemplo, brincava com bois e cavalos feitos de ossos, esculpidos por ele mesmo. Porque ele era macabro e gostava de brincar com ossos? Não. Longe disso. Ele o fazia, porque imitava os outros garotos que também brincavam com bois e cavalos feitos de ossos. Ele o fazia porque era comum. Porque era a cultura daquele tempo e daquele lugar.

É simples: o impulso por brincar é uma pulsão natural de toda criança. Está no seu arquétipo. É uma qualidade ancestral e anterior de toda criança. Mas, já, o brincar de bola, ou de pipa, o "brincar de" é uma contextualização desta imagem antiga e, por isso, a consequência de costumes que pertencem a um tempo e a um lugar.

Observemos uma mãe, por exemplo, é natural que ela queira, faça tudo que pode, e até esteja disposta a se sacrificar para proteger seu filho. Há, por sinal, relatos e mais relatos de mães que chegaram a morrer para proteger seus rebentos. Está intrínseco a toda mulher o desejo inconsciente e consciente de gerar filhos, de se doar, de cuidar de alguém, de zelar pela sua cria. Isso é tão comum e universal que chega a ser encarado como uma anomalia a mãe que não o faz.

O arquétipo do pai, por sua vez, desde os tempos do caçador, está associado não só à proteção, mas ao provisionar a tribo, isto é, ao prover a família. Isso está incrustado na nossa psique; a sociedade espera isso do homem, o homem espera isso do homem; a mulher saiu de casa para "ajudar" o homem nessa lida de trazer sustento para os seus. Essas prerrogativas estão no arquétipo e o conjunto delas é o que o Jung chamou de Inconsciente Coletivo.

V

QUER SABER CRIAR UMA BOA HISTÓRIA? SAIBA QUEM FOI JOSEPH CAMPBELL

VOCÊ ainda se lembra de qual foi o primeiro filme ao qual assistiu no cinema? Eu me lembro bem. Foi *Superman*, sim, o clássico com Christopher Reeve. Foi o meu primo mais velho que me levou. Pagou o ingresso, a pipoca e o refrigerante. Ele havia prometido fazia tempo. Eu fiquei esperando. Cada dia, o coletivo de angústia. Enfim fomos. Acho que não dormi direito na noite anterior. Até hoje, me recordo da ansiedade e do frio na barriga que sentia antes de entrar na sala escura. Sala com ar-condicionado, poltrona macia, pipoca com guaraná, e tudo mais. Posso resumir aquela ocasião dizendo que foi uma experiência mágica.

Acho que até hoje, antes de entrar numa sala de projeção, alguns resquícios daqueles sintomas de ansiedade ainda me aparecem de vez em quando. Talvez por isso vá tanto ao cinema. Talvez tenha ficado viciado naquela sensação.

Atualmente, costumo ir com muita regularidade ao cinema. Até aprecio assistir a filmes e séries em casa. Porém, para mim, nada substitui sala de cinema. Até abro mão da pipoca e do refrigerante. Mas não daquela emoção infantil de expectativa.

Não obstante, quão estranho seria se, naquela época, alguém chegasse para aquele menino desavisado e lhe revelasse que, durante toda a sua vida, ele viria a assistir – seguidas vezes – praticamente ao mesmo filme?

Agora, você deve estar me achando maluco mesmo e, pior, acometido de uma psicose qualquer que me faz ter compulsão por assistir ininterruptamente a um filme de quase 40 anos. Devo, então, lhe dizer, meu caro, que talvez eu seja meio pirado mesmo, mas não por isso. Afinal, é bem possível que você também assista ao mesmo filme há décadas.

O que essa minha polêmica especulação tem a ver com Joseph Campbell? Tudo. Você vai ver.

Joseph Campbell foi um mitólogo e antropólogo americano que realizou estudos comparados sobre mitos, religiões e símbolos do mundo. Foi através dessas pesquisas que ele se tornou uma das maiores autoridades no campo da mitologia dos nossos tempos. Há quem diga, por exemplo, em virtude da robustez da sua obra, que a produção intelectual de Campbell acabou sendo a mais influente do século XX.

Campbell escreveu alguns livros muito bacanas e que foram extremamente importantes para a cultura contemporânea. Um deles foi *As máscaras de Deus* (*The masks of God*). Uma obra mais centrada na Antropologia e na História, onde ele explora os mitos do mundo todo através dos tempos.

Entretanto foi no *Herói de mil faces* (*The hero with a thousand faces*), onde ele entra um pouco mais no campo da Psicologia, que ele discute o conceito do Monomito. Era justamente aqui que eu queria chegar.

a.
Monomito ou Jornada do herói

O que é Monomito? O que ele tem a ver com arquétipo? Qual a relação de Monomito com o *Superman*? O Monomito também usa capa, cueca por cima das calças e voa?

Antes de explicá-lo, preciso citar que Monomito não foi uma palavra cunhada por Campbell, mas inicialmente empregada por outro célebre escritor chamado James Joyce no seu conto *Uma chave-mestra para Finnegan's wake*. Certamente, Campbell, que era versado na obra de Joyce, tomou a liberdade de pegá-la emprestada do autor irlandês.

Monomito tem um codinome mais palatável. É também chamado de "A jornada do herói". Tenho certa desconfiança de que você gostou mais do apelido do que nome próprio. Por quê? Porque você deve ter se identificado mais. Afinal, quem não gosta de heróis? Quem nunca quis ser herói? Quem nunca teve seus próprios heróis?

Os heróis podem ser aqueles encontrados nas revistas em quadrinhos ou nas telas de cinema. Podem ser ícones da cultura pop como o Homem-Aranha, o *Batman*, o Homem de ferro ou o *Superman*. Mas também podem ser personalidades do mundo da música, como John Lennon e Janis Joplin, do mundo do esporte, como Airton Senna e Messi, ou líderes humanitários, como Gandhi e Martin Luther King. Porém, o fato é que é natural erigirmos altares para os nossos ídolos. Esse comportamento está arraigado ao ser humano desde sempre e em todo lugar, e, por isso, também está no inconsciente coletivo da humanidade.

Para Campbell, nós amamos os heróis e, por conseguinte, amamos sempre acompanhar a mesma história. Isto é, a mesma estrutura de história. A tese do autor é de que todos os mitos seguem, em algum nível, o mesmo padrão. Você duvida? Pois se recorde das histórias de Prometeu, Perseu, Moisés, Buda e Jesus. Todas não obedecem, praticamente, ao mesmo paradigma?

É mera coincidência, por exemplo, que muitos livros de sucesso e filmes arrasa-quarteirões sigam – quase que à risca – exatamente esse mesmo modelo?

b.
A palavra do mito

Vejamos o que diz Joseph Campbell sobre esse argumento na sua famosa entrevista para o jornalista Bill Moyers, em 1986, que depois virou o livro *O poder do mito*:

MOYERS: Através da leitura de seus livros – *The Masks of God* e *The Hero with a Thousand Faces* – vim a compreender que aquilo que os seres humanos têm em comum se revela nos mitos. Mitos são histórias de nossa busca da verdade, de sentido, de significação, através dos tempos. Todos nós precisamos contar nossa história, compreender nossa história. Todos nós precisamos compreender a morte e enfrentar a morte, e todos nós precisamos de ajuda em nossa passagem do nascimento à vida e depois à morte. Precisamos que a vida tenha significação, precisamos tocar o eterno, compreender o misterioso, descobrir o que somos.

CAMPBELL: Dizem que o que todos procuramos é um sentido para a vida. Não penso que seja assim. Penso que o que estamos procurando é uma experiência de estar vivos, de modo que nossas experiências de vida, no plano puramente físico, tenham ressonância no interior de nosso ser e de nossa realidade mais íntimos, de modo que realmente sintamos o enlevo de estar vivos. É disso que se trata, afinal, e é o que essas pistas nos ajudam a procurar, dentro de nós mesmos.

MOYERS: Mitos são pistas?

CAMPBELL: Mitos são pistas para as potencialidades espirituais da vida humana.

MOYERS: Aquilo que somos capazes de conhecer e experimentar interiormente?

CAMPBELL: Sim.

MOYERS: Você mudou a definição de mito, de busca de sentido para experiência de sentido.

CAMPBELL: Experiência de vida. A mente se ocupa do sentido. Qual é o sentido de uma flor? Há uma história zen sobre um sermão do Buda, em que este simplesmente colheu uma flor. Houve apenas um homem que demonstrou, pelo olhar, ter compreendido o que o Buda pretendera mostrar. Pois bem, o próprio Buda é chamado "aquele que assim chegou". Não faz sentido. Qual é o sentido do universo? Qual é

Quer saber criar uma boa história? Saiba quem foi Joseph Campbell **43**

o sentido de uma pulga? Está exatamente ali. É isso. E o seu próprio sentido é que você está aí. Estamos tão empenhados em realizar determinados feitos, com o propósito de atingir objetivos de outro valor, que nos esquecemos de que o valor genuíno, o prodígio de estar vivo, é o que de fato conta.

MOYERS: Como chegar a essa experiência?

CAMPBELL: Lendo mitos. Eles ensinam que você pode se voltar para dentro, e você começa a captar a mensagem dos símbolos. Leia mitos de outros povos, não os da sua própria religião, porque você tenderá a interpretar sua própria religião em termos de fatos – mas lendo os mitos alheios você começa a captar a mensagem. O mito o ajuda a colocar sua mente em contato com essa experiência de estar vivo. Ele lhe diz o que a experiência é.

(...)

Eu sugiro para todos que desejarem entender como se faz uso do *storytelling* e também para aqueles que não estejam nem aí para entender patavina que conheçam Joseph Campbell. Por quê? Porque o cara é um gênio! Porque o sujeito é um erudito com E maiúsculo e, mesmo assim, não é um chato rematado. Bastaria isso para indicá-lo. Mas, além disso, ele consegue esclarecer as nossas ancestrais relações com os mitos e trazer a importância desse conhecimento para o cotidiano do homem moderno.

Além dos seus livros, ainda existem muitos dos seus vídeos, inclusive no *youtube*, os quais são maravilhosos. O leitor curioso vai compreender por qual motivo as histórias e os mitos têm tanta importância para a humanidade e, também, por que elas nos atingem tão fortemente.

Conhecer Campbell é mais do que apreender uma mera técnica. Mais do que saber como atrair pessoas para si, envolver clientes, engajar parceiros, conquistar a atenção de alunos ou de uma plateia; entender o que diz Joseph Campbell é compreender a natureza mais profunda da humanidade. É perceber que nós somos e o mundo também é muito mais do que aquilo que vemos, sentimos ou provamos. E que isso, não obrigatoriamente, teria a ver com doutrinas ou religiões. Mas que há um universo de coisas e de sensações inexplicáveis para o qual temos que estar abertos.

Uma das referências que me causaram maior impressão sobre a obra de Campbell vem à tona quando ele trata da importância do inconsciente, fazendo referência às obras de Freud e Jung. As pesquisas do célebre antropólogo concorrem para reforçar tudo que os dois estudiosos defenderam durante as suas vidas dedicadas a desvendar os grandes mistérios da mente humana. E, em especial, Campbell fornece ainda mais munição para o argumento postulado por Carl Jung e para a sua tese de Inconsciente Coletivo.

VI
CRISTOPHER VOGLER ENTRA NA CONVERSA

CHRISTOPHER era um cara esperto. Ele já trabalhava há anos com cinema quando a obra de Campbell caiu nas suas mãos e aí ele se deu conta de que poderia usar (e abusar) do Monomito na indústria cinematográfica. Ele, que era roteirista e executivo de Hollywood, criou inicialmente um memorando e, depois, um livro intitulado *A Jornada do Escritor: estrutura mítica para roteirista* (*The Writer's Journey: mythic structure for writers*). Esse manual para filmes de sucesso caiu como uma luva para o mundo do cinema. Tanto que seria impossível citar quais e quantos filmes foram influenciados pelo seu compêndio.

Campbell identificou a Jornada do herói como uma sequência comum e intrínseca, arraigada e universal da psique humana. Como uma prerrogativa que faz parte do nosso arquétipo. Por sua vez, o mérito de Vogler foi deduzir o modelo a partir da extensa obra de Campbell e aplicá-la na indústria cultural e, portanto, popularizá-la. A analogia explica tudo: Campbell descobriu a fonte. Vogler canalizou a água para a fábrica e a transformou em coca-cola.

Agora, quero lhe convidar, caro leitor, para conhecer cada um desses estágios, e já lhe aviso para não se surpreender muito se você conseguir identificar muitas dessas etapas em diversos livros, séries de tv, histórias em quadrinhos e filmes dos quais você gostou na sua vida. No fim deste capítulo, talvez você comece a acreditar em mim quando lhe digo que você gostou sempre da mesma história. E tem mais: mesmo sabendo que é a mesma, continuará gostando.

VII

A JORNADA DO HERÓI

1. **O mundo normal** – É o mundo comum. Tudo que existia antes de o problema se apresentar.

2. **O chamado** – Um desafio ou problema se apresenta ao herói. É o convite para a aventura.

3. **A hesitação do herói ou recusa do chamado** – O protagonista demora ou mesmo se recusa a aceitar o convite ou aventura. Quase sempre porque tem medo ou não se acha à altura do desafio.

4. **Encontro com o mentor** – O herói encontra um mentor (um sábio, pajé, mago, xamã, monge) que o faz aceitar o chamado e, geralmente, o treina para sua jornada.

5. **A travessia do primeiro portal** – O herói abandona a zona de conforto ou o mundo comum para adentrar no mundo especial ou mágico.

6. **Provações, aliados e inimigos** – O herói é testado. Ele supera provas, encontra aliados e enfrenta inimigos. Ele está aprendendo a se mover neste novo mundo.

7. **A aproximação** – O herói tem sucessos e começa a se aproximar das suas metas.

8. **A grande provação** – A maior crise da aventura. Um teste de vida ou morte.

9. **A recompensa** – O herói enfrentou a morte, ultrapassa o seu medo e agora ganha uma recompensa (o elixir).

10. **O caminho do retorno** – O herói costuma voltar para o mundo comum.

11. **A ressurreição ou depuração do Herói** – Outro teste onde o herói enfrenta a morte e deve usar tudo que aprendeu.

12. **O regresso com o Elixir** – O herói volta para casa com o "elixir" e o usa para ajudar todos no mundo comum. É o legado do herói. A herança que ele deixa para a coletividade.

➢ E então? Percebeu como esse modelo está em muitas das narrativas que você conheceu na sua vida? Deu-se conta do quanto essa sequência está presente em filmes, peças de teatro e filmes festejados pela cultura pop? Quase daria para dizer que o Monomito é onipresente.

➢ Agora, para entender melhor, vamos fazer uma tarefinha, meu amigo. Leia este conto a seguir e depois tente identificar alguns elementos da Saga do herói no seu conteúdo. Vamos aproveitar para resgatar outras histórias famosas e cruzá-las com o paradigma da Saga do herói.

Felicidade improvável

Era um garoto nada diferente de outros garotos da mesma idade e do mesmo lugar. Lugar, como se sabe, não define tudo, mas, muito.

O lugar de origem do tal garoto, esse sim, tinha certas peculiaridades. Mateus havia se criado na maison de Dona Alaíde, um dos bordéis mais frequentados da cidade de Fortaleza.

Dona Alaíde. Para ele, Tia Alaíde. O menino havia peregrinado de casa em casa depois da morte da mãe até, por fim, parar nas mãos da tia mais improvável, porém, a única que o quisera.

Ninguém esperava, mas Tia Alaíde se apegara ao pivete mirrado que chegara às mãos da cafetina desmazelado, mirrado, só cabelo e olho. Em poucos meses, Mateus havia ganho cor, corpo e interrompeu de vez com o hábito de chupar catarro pelo nariz. Acusa-se, costumeiramente, de carente a criança sem pai nem mãe. Pois Mateus nunca se achara merecedor de tal predicado. O garoto, afinal, desde o início fora alvo de carinho desmedido de todas as funcionárias do estabelecimento da matrona. O que ocorria na casa de sete quartos era uma espécie de competição, onde cada uma das garotas disputava com as demais pelo título de quem mimava mais o menino.

Como é da natureza dos meninos, ele cresceu e, apesar do enfático decreto da dona do lupanar para não tocarem no garoto, esse crescimento não passou em vão nem tampouco oculto aos olhos das garotas que conviviam com ele noite e dia.

A primeira que desobedeceu a portaria de Alaíde foi a Nicolle, que, na verdade, se chamava Aurileide, uma galega de Natal, que novinha tinha se mudado para a capital cearense para tentar a vida. Nicolle lhe esperava nuazinha no seu quarto quando ele foi se deitar naquela noite de chuva. Foi aí que ele entendeu por que a casa estava sempre cheia e por que esse tal de sexo fazia tanto sucesso.

Depois, uma a uma, discretamente, veio bater a sua porta e, na calada da noite, cada uma delas confiou seus segredos, lhe ensinando, sem pressa e com jeito, do que gostava e como gostava. Ele, por sua vez, não poderia ter sido um aprendiz mais aplicado. Dedicação nunca lhe faltava. Mesmo quando vinha uma depois de outra. Mesmo quando vinham duas por vez.

Não demorou muito para Mateus se transformar no brinquedo da casa. É que, enquanto com os clientes era trabalho, com o garoto era usufruto e diversão. Todas se esmeravam em lhe mostrar novos truques e outras formas de sentir e dar prazer. Mateus, de fato, vivia num harém ao contrário. Ele era o escravo sexual de diversas odaliscas. E não estava reclamando nem um pouco.

Não obstante, uma história assim não poderia acabar sem elementos complicadores, e não tardou tanto para o elemento se apresentar no enredo, até então, quase idílico. O elemento advinha do Paraná. Na verdade, de Maringá. Tinha 22 anos, olhos esverdeados e um corpo de fazer inveja ao diabo. Afinal, todo mundo sabe que o diabo tem corpo e, decerto, deve ser corpo de mulher. Não daquelas mulheres de passarela que mal têm carne para se ver ou pegar, mas corpo generoso de corpo, corpo encorpado, moreno e vistoso. Corpo requerente de, mãos, boca e até de algo mais. Porém, o corpo de Sandrinha nem se tivesse sido talhado a pedido ou esculpido por Michelangelo seria melhor.

Ao contrário das outras, Sandrinha não demonstrara interesse por Mateus, fato que intrigou deveras o garoto, o qual, àquela altura, vivia embalado pela morna ilusão dos precocemente afortunados de que teria quem e o que quisesse.

Entretanto, não faltou esforço ao garoto que, de todas as formas que a sua imaginação poderia suscitar, tentava chamar a atenção da recém-chegada. Tentar, de fato, era a palavra. Porque a moça não via nenhuma razão para voltar os olhos para o adolescente que merecia tanta atenção das suas colegas de batente.

– *Por que você não gosta de mim?, perguntou-lhe um dia o garoto.*

– *E é obrigatório por essas bandas?*

– *É, não sabia? Minha tia exige que todas me amem.*

– *Que eu saiba, sua tia quer todas distantes da sua cama.*

– *E eu quero uma ferrari, nem por isso tenho.*

– *Pois, neste capô aqui, por exemplo, você não vai pôr as mãos, disse ela e partiu cruelmente sensual para o seu quarto, deixando o rapaz mordendo os beiços e lambendo as curvas da moça com os olhos.*

Contudo, como a vida tem lá os seus caprichos, pois há sempre a vontade pessoal, a vontade alheia e, aleatoriamente, a vontade insidiosa do Acaso. Desta vez, como acontece muitas vezes, o que prevaleceu foi a imposição deste último.

O Acaso tinha nome e sobrenomes, mas todo mundo no prostíbulo só o chamava de Pastor. Não porque não o identificassem, afinal não é comum que pastores televisivos transitem por aí despercebidos, mas porque ele não gostava do seu nome ser usado em vão. Ainda mais em ambiente tão licencioso e concupiscente.

A sexta-feira era o dia da visita do Pastor à casa da Dona Alaíde. Ele nunca faltava. Algumas vezes, inclusive, vinha com seus obreiros logo depois do culto da família. Dona Alaíde sempre o tratava com esmero e solicitude exagerados. Aquele era um cliente que merecia atenção VIP. Um habitué que não tinha receio de abrir os bolsos enquanto lhe tivessem – tão bem – abrindo as pernas.

– *Dona Alaíde, Dona Alaíde, a senhora está, a cada dia, mais bela e formosa. Quero saber por que, ainda tão nova e cheia de encantos, privou os seus clientes de tal entretenimento.*

– Você sabe a razão, sua raposa esperta! Foi o mesmo motivo que o fez largar aquele empreguinho barato na sapataria e abrir o seu próprio negócio. A razão é simples. Há quem trabalhe e há quem ganhe dinheiro. Raramente as duas coisas caminham juntas.

– Ah, Dona Alaíde, que filósofa o mundo perde! Filósofa não, que parlamentar o mundo perde! A senhora deveria ser deputada!

– Eu!? Nunca! Eu ganho o meu dinheiro com honestidade! Em compensação, muita gente alega que tenho muitos filhos atuando neste ramo!

– Muitos! Ninguém duvida! É só o que não falta nesse nosso setor de entretenimento!, disse o pastor entre risadas. – Mas o que a senhora tem para mim hoje? Queria algo novo! Não haveria um quitute diferente nesta casa para agradar o paladar de um velho?

– Pois tenho uma iguaria para você, Pastor! Uma coisinha que tem um corpo que faria até os santos pecarem!

– Pronto! Então foi feita para mim! Sou um homem santo, mas susceptível a algumas tentações. Algumas específicas tentações! A senhora sabe!

– Claro que sei, Pastor! Como não saberia?!, disse a cafetina piscando um olho. – Pois me deixe chamar a minha mais nova contratação: Sandrinha, desce aqui!

Sandrinha desceu as escadas metida num vestido preto e justo, o qual, nela, ficou na fronteira do vulgar.

– Filha, mas que beleza você é! Uma verdadeira bênção!

– E o senhor, é sempre gentil assim?

– Infelizmente, não, menina!, disse o homem lhe fixando um olhar com tal brilho que a fez acreditar nas suas palavras.

– Todo mundo tem um lado sombrio, filha! Todo mundo vacila! Minha missão é purgar os pecados dos corruptos, e é o que o Pai quer de mim, declarou o pastor se erguendo da cadeira e conduzindo a jovem para o quarto. Ele não precisava de cicerones.

Antes de entrar na alcova, Sandrinha sentiu um arrepio frio acariciar a sua espinha e se deu conta de como a mão dele era gelada. Dona Alaíde, por sua vez, assistiu ao casal subir as escadas com um sorriso estático no rosto e, mesmo com a sua experiência de tantos anos, torceu para nenhum cliente perceber as lágrimas que banhavam os seus olhos.

* * *

– O que foi isso no seu olho?, perguntou Mateus para Sandrinha na manhã seguinte à visita do pastor.

– Você é jornalista? É médico? Assistente social? Da delegacia da mulher?

– Calma, criatura! Foi só uma pergunta boba. Alguém a machucou?

– Foi o Pastor, Tetêu, revelou Nicolle. Agora ela é a queridinha daquele cretino. E você sabe que ele tem uma ideia estranha sobre diversão, né?

– Ele machucou você, Sandrinha? Foi isso que aquele filho de uma...

– Foi, menino, foi! Quer ver as cicatrizes no meu corpo? E as queimaduras de cigarro nas minhas partes? O cheiro azedo no meu cabelo? Quer verificar tudo, garoto?

– Não pode ser...

– O que não pode? Você pensava que a nossa vida era só festa e diversão? Pensava que era só vida boa? Você não sabe

nada, rapaz! Não sabe das humilhações, da maldade dos corações das pessoas, do medo e da solidão que perseguem a gente.

– Eu quero cuidar de você, Sandrinha, disse o adolescente a abraçando ternamente.

A princípio, a moça se rendeu ao abraço enquanto as lágrimas rolavam sobre a maquiagem. Mas o enlevo durou pouco.

– Você não tem condições de cuidar nem sequer de si mesmo, pivete!, gritou Sandrinha se erguendo abruptamente da poltrona. – Me deixe em paz, garoto! Me deixe em paz!, disse e correu para o seu quarto, deixando o rapazote atrás de si mordendo o lábio para segurar o choro.

* * *

Ele não se lembrava da última vez em que a tia entrara no seu quarto, mas sabia que fazia muito tempo.

– Posso entrar, Tetêu?

– A casa é sua, tia. E é mesmo, respondeu ele ajeitando o travesseiro debaixo da cabeça.

– Por incrível que pareça, mesmo com a minha ocupação, nunca fui muito boa nesse negócio de dar afeto. Eu sempre fui boa em vender e não em dar, começou a matrona acariciando os cabelos do rapazola.

– Não tenho nada a reclamar, tia.

– Você não reclama porque nunca teve, garoto. Você nem se lembra da sua mãe, e o seu pai, nunca viu.

– Você foi uma mãe para mim, tia!

– Eu fui a sua mãe?, gracejou a mulher com um sorriso triste. – E as garotas foram o quê? Suas irmãs?

– Como eu lhe disse, tia. Não tenho muito a reclamar!

– Garoto, já tive sexo sem amor e amor sem sexo. Ambos são muito bons. Mas sexo com amor é insuperável!

– O que você quer dizer, tia?

– Eu nunca apenas quero. Eu sempre digo. Presta atenção, rapaz: vale a pena lutar pelo amor. Lute pelo seu amor. Porque amor é coisa rara nessa vida, disse a mulher e se dirigiu para a porta do quarto. – Ah, e antes que eu me esqueça: camisinha sempre, garoto! Sexo é pecado, mas camisinha é troço sagrado!

O garoto, por sua vez, ficou ruminando as palavras até muito tempo depois.

* * *

Outra sexta-feira chegou e com ela mais uma visita do Pastor ao endereço de Dona Alaíde. Dessa vez, vinham com ele dois de seus assistentes de culto. Muitas vezes, os três optavam por ocupar a mesma suite para que pudessem se revezar com as garotas que escolhiam. Não era o caso naquele dia. O pastor estava empolgado com a nova funcionária e exigia exclusividade na hora de explorar a sua aquisição.

– Hoje, você está ainda mais bonita, menina!, falou o Pastor atirando as suas calças ao chão do quarto e deixando exposta a sua barriga saliente e coberta de cabelos. – Você pecou nesta semana? Olha o que combinamos.

– Só fiz o meu trabalho, Pastor... Sandrinha não conseguiu completar a frase porque o galalau a calou com um beijo molhado, mordendo seus lábios carnudos, enfiando a língua na sua boca.

– Calma, Pastor! Temos todo o tempo do mun...

– Calma o QUÊ, vagabunda?, berrou o homenzarrão sapecando um tapa na cara da outra que se jogou, sem resistências, ao chão. – O que você está dizendo, meretriz?! Você está zombando do ungido de Deus? Curve-se diante do profeta, Betsabé! Curve-se e sirva ao seu senhor!, disse baixando a cueca.

O pastor sacudia a moça pelos cabelos quando ouviu algo que o intrigou.

"Hoje, você está ainda mais bonita, menina!"

"Calma, Pastor. Temos todo o tempo do mun..."

– O que é isso?!, perguntou o presbítero assustado. – Tem alguém aí?

"Calma, o quê, vagabunda? O que você está dizendo, meretriz?"

Atônito, o homem largou a moça e caminhou para onde vinha o som. A porta do guarda-roupa estava entreaberta.

– Boa noite, Pastor!, disse Mateus escancarando a porta do guarda-roupa e apontando para ele o seu aparelho celular. – Não quer cumprimentar os seus fiéis? Tenho impressão de que esta será a sua aparição televisiva mais bombástica de todas. Não quer aproveitar o ibope e vender mais alguns dízimos?

– O que é isso, rapaz?, berrou o pastor gaguejante ao se dar conta do ridículo ao qual estava sendo sujeito. – Passe para cá esse telefone!

– Não acho que isso será possível! Espera só um pouco, pronto, era isso que eu queria, um close. Perfeito! Mas, como eu dizia, não será possível porque...

Antes que pudesse terminar a frase, Mateus viu o religioso saltar sobre a cama para tentar alcançá-lo. Contudo, o garoto não havia desprezado a possibilidade de que situações como *essas pudessem ocorrer e ele não titubeou, acertando com a barra de ferro que servia de trava para a porta dos fundos um golpe pesado na direção do rosto do facínora. A primeira pancada acertou a sua têmpora, de onde o sangue escorreu farto. A segunda quebrou o nariz e partiu dentes. A terceira se abateu sobre as suas costelas. A quarta não chegou a ocorrer porque os dois obreiros que acompanhavam o pastor acorreram em seu amparo quando ouviram os seus gritos histéricos.*

O garoto teve sorte porque as demais garotas não aceitaram que Mateus, o objeto do afeto de todas, se tornasse alvo de qualquer agravo e, sem cerimônias, expulsaram os três da casa de Dona Alaíde escoltados por todo tipo de agressão e impropério.

Por fim, a própria dona do cabaré deixou um ultimato para os três homens, os quais, ensanguentados, se lamentavam estirados na calçada.

– Se os vir por aqui novamente, seus cachorros, eu – pessoalmente – vou enviar aquele vídeo singelo para a polícia e para as redes de televisões locais. Por isso, Pastor, lhe aconselho a distribuir as suas bênçãos em outras freguesias. Se não, o senhor vai ficar ainda mais famoso do que é. Agora, fora daqui! Fora daqui, seus animais!

Se Mateus já era o xodó da casa, depois do seu ato audacioso, ele se tornou um verdadeiro herói. Todas concordavam que a sua atitude de coragem e ousadia havia salvado Sandrinha e vingado a todas que tinham já sofrido tantos constrangimentos patrocinados pela mão cruel do pastor. Mateus era, mais do que nunca, uma unanimidade.

Dona Alaíde, a partir de então, fez ainda mais vista grossa sobre o que ocorria entre o sobrinho e as suas funcionárias. Serviço prestado não se questiona. Era o que ela pensava.

> *No entanto, Mateus tinha a sua favorita e não fazia questão dos favores das outras. Ele só tinha olhos, e membros, para Sandrinha, a qual, também, havia se rendido ao seu salvador e era totalmente dedicada a ele.*

> *Tanto que havia já se tornado natural vê-los de mãos dadas caminhando pelos shoppings da capital, onde ela gostava de levá-lo para que o rapaz pudesse escolher roupas e presentes. Eles formavam um casal improvável aos olhos críticos de muitos passantes. A moça vistosa, de curvas perfeitas e roupas diminutas aos beijos com o adolescente orgulhoso na praça de alimentação. Um casal, de fato, improvável, mas ninguém poderia negar que era um casal feliz.*

> *Afinal, a maior improbabilidade de todas é sempre a felicidade.*

Então, meu fiel leitor, o que achou do conto?

Esse conto – que, coincidentemente, é da mesma autoria deste livreto que está nas suas mãos – foi escrito seguindo o modelo do Monomito.

a.
Os estágios da Jornada

Vamos tentar identificar alguns elementos da Jornada usando-o como exemplo. (Mas não só ele. Vamos abrir os horizontes e garimpar pedras preciosas em outros territórios da Literatura, cultura pop e do cinema.):

Estágio 1 – O mundo comum

O herói é mostrado no seu cotidiano.

– No conto *Felicidade improvável*, vemos o nosso protagonista no seu "Mundo comum", o qual, cá entre nós, não tem nada de comum. Mas para ele, era.

– Todos os heróis de HQ também têm a sua fase "ordinária". O mundo comum do Homem-Aranha, por exemplo, é obviamente antes de ser picado pela aranha do laboratório. O *Batman* vive essa fase antes do assassinato dos pais. O *Superman*, por sua vez, é uma espécie de Hamlet extraterrestre. No seu mundo comum (fora do comum), ele vive uma angústia repleta de dilemas e de questões existenciais (dignas de Sartre) até que, por fim, ele aceita o "chamado" e realiza a sua primeira façanha. Ele, então, decide ser quem é.

– Na nossa primeira história, o personagem do (pseudo) caçador vive a sua vida comum até o surgimento do urso. Na verdade, o problema é que salva o herói, porque é ele que o revela para o mundo. Como já citei: quem faz o toureiro é o touro. O touro é a sua ponte para a queda ou para a glória.

– No *O Hobbit*, encontramos Bilbo tranquilo e calmo no seu Condado.

– Em *Stars Wars*, Luke Skywalker está vivendo entediado no seu planetinha bucólico chamado Tatooine.

– Em *Harry Potter*, encontramos o garoto morando num quarto minúsculo debaixo da escada.

– Em *Nárnia*, as crianças ainda não entraram no guarda-roupa.

– Em *Matrix*, Neo literalmente vive no mundo comum, o qual, de fato, não é o mundo real.

– Em *O show de Truman*, a mesma coisa.

– Da mesma forma que, no desenho animado, A *caverna do dragão*, a trupe de jovens tem uma vida normal até o fatídico passeio no parque de diversões.

Estágio 2 – O chamado à aventura

Algo acontece para transformar o dia a dia do protagonista: um convite ao novo.

– No *Felicidade*, temos as agressões que Sandrinha começa a sofrer do Pastor.

– Gandalf, o mago, convida Bilbo para participar de uma aventura.

– Peter Parker foi picado pela aranha radioativa e vê seu Tio Ben morrendo em seus braços.

– Neo, em *Matrix*, é convidado por Morpheus para encarar a aventura.

– Na *Caverna do Dragão*, a turma se vê no mundo encantado.

– No filme *O poderoso chefão*, Michael Corleone não compactuava com os atos criminosos da família mafiosa até que a sua família é ameaçada.

– No *Show de Truman*, cai do céu um refletor (metáfora melhor, impossível!).

– Em *Harry Potter*, o menino recebe cartas trazidas por corujas, convidando-o a estudar em Hogwarts.

– Em *Nárnia*, as crianças entram no Reino atravessando o portal que se localizava no guarda-roupa.

– A "Noviça rebelde" vai trabalhar na casa dos Von Trapp.

– Em *Procurando Nemo*, o peixinho é "raptado" e o pai segue na sua busca.

Estágio 3 – Hesitação ou negação ao convite

O protagonista duvida da sua capacidade e hesita ou mesmo prefere não encarar a aventura.

– Bilbo nega a convocação do Mago Gandalf, e alega: "não é respeitável para um hobbit sair em busca de aventuras".

– Harry não vai imediatamente para a escola de bruxos porque o tio o proíbe.

– Peter Parker não quer se herói. Na verdade, deseja apenas fazer alguma grana com seus novos poderes.

– Maria, a noviça, foge da casa quando se percebe apaixonada pelo Coronel Von Trapp.

– Neo, a princípio, passa pelo mesmo dilema, em *Matrix*.

– Na nossa primeira história, o caçador pensa na possibilidade de fugir da aventura.

– No filme *O Rei Leão*, Simba está vivendo a sua fase vida louca (hakuna matata) e não quer retomar o reino que deveria ser seu por herança.

– No *Felicidade*, a primeira ação do garoto é a não ação. Não fosse a intervenção da tia, talvez ele não tivesse criado a coragem necessária para encarar a luta. A tia, portanto, faz o papel do "mentor".

Estágio 4 – O papel do Mentor

O mentor guia os passos do herói, seja com clareza, seja através de um enigma.

– O que o senhor Myagi (Karatê Kid), o Papai Smurf, o Mestre dos Magos (A caverna do dragão), o Mordomo Alfred do Bruce Wayne, Jim Malone (Os intocáveis), Gandalf (Senhor dos Anéis), Morpheus (Matrix), Professor Dumbledore (Harry Potter), Professor Keating (Sociedade dos poetas mortos), Don Corleone (O poderoso chefão), Mufasa (Rei Leão), Tia May (Homem-aranha), o leão Aslam (Crônicas de Nárnia), até Hannibal Lecter (O silêncio dos inocentes) e Wilson (a bola, de O náufrago) têm em comum? Todos são "mentores" e, por isso, guiam os nossos heróis e exercem um papel importantíssimo nas suas respectivas histórias. São eles que funcionam como verdadeiros cicerones para os nossos protagonistas. Vejamos mais alguns:

– Obi Wan Kenobe é o nome do mestre Jedi que abre os caminhos da "Força" para Luke Skywalker em *Guerra nas estrelas*. Ele é um dos mais famosos e clássicos mentores do cinema.

– Em *Hamlet*, temos o espírito do pai, do rei morto pelo irmão, que aparece para o seu atormentado filho.

– Na *Noviça rebelde*, Maria retorna à casa dos Von Trapp em virtude da orientação (maravilhosa!) da Madre Superiora.

– Tarantino é um cineasta que também adota o modelo de Campbell/Vogler. Ele adora uma boa história de vingança e, também, utilizar mentores. Vemo-los muito bem definidos, por exemplo, em Django e em Kill Bill.

– No nosso conto inicial, o caçador se lembra das palavras do seu pai e no *Felicidade*, temos a personagem da tia que, num momento essencial, aconselha o sobrinho.

– Em *Procurando Nemo*, identificamos uma das mentoras mais incomuns do universo ficcional, a peixinha meio maluca Dory, que costuma repetir seu mantra: "Continue a nadar! Continue a nadar". (Seria uma citação ao *keep walking*?!).

– Em *O advogado do diabo*, talvez tenhamos o mais inusitado de todos os mentores: o próprio diabo, o qual, nesse enredo, consegue aglutinar o papel de mentor e antagonista. O diabo é mesmo um demônio!

Estágio 5 – A travessia do Umbral

Nessa fase, o nosso protagonista decide de vez encarar a aventura e supera um primeiro obstáculo.

– Em *Matrix*, Neo escolhe a pílula vermelha e decide encarar a dura verdade.

– Alice entra na toca do coelho.

– Harry segue com Hagrid para a sua aventura no Beco diagonal.

– Bilbo tenta enganar três *trolls* na floresta.

– Luke Skywalker entra no bar com Obi Wan.

– Todd, de *Sociedade dos poetas mortos*, topa fazer o poema solicitado pelo Professor Keating (outro mentor memorável).

– Marlim, em *Procurando Nemo*, encara os três tubarões vegetarianos.

– O Homem-aranha se vinga do assassino do seu tio Ben.

– Mateus entra no guarda-roupa e grava a fala do Pastor.

Estágio 6 – Testes, aliados e inimigos.

O nosso herói encontrará ajuda de companheiros e enfrentará adversários.

– Harry está em Hogwarts já há alguns dias. Ele faz amigos, mas também inimigos.

– Frodo recebe a ajuda de Sam, Pippin, Merry, Boromir, Aragorn, Legolas, Gimli, Gandalf, mas tem em seu encalço Gollum, os cavaleiros negros, os *trolls*, o mago Saruman e, claro, o todo-poderoso do mal, Sauron.

– Em Nárnia, as crianças têm o apoio de várias criaturas do novo mundo, mas em compensação têm que enfrentar a Feiticeira Branca e as suas hostes.

– Luke tem ao seu lado a Princesa Leia, Han Solo, Chewbacca e os androides mais humanos do cinema, R2D2 e C-3PO. No entanto, ele tem que encarar um dos vilões mais formidáveis do mundo da ficção (e seu pai) Darth Vader, e, é claro, todo o Império.

– Mateus tem como parceiras sua tia e todas as garotas da *maison*. O Pastor e os seus dois asseclas são naturalmente os seus rivais.

– Neo tem ao seu lado, principalmente, Morpheus e Trinity, e luta contra os Agentes Smith e Brown.

Estágio 7 – A aproximação do objetivo

O nosso protagonista se avizinha da sua meta. Porém, os seus adversários vão se esforçar mais ainda para detê-lo e a tensão vai crescer.

– Em *O Hobbit*, Bilbo chega à Montanha Solitária, mas Smaug, o dragão, não vai deixar nada barato para ele.

– Em *Star Wars*, Luke se aproxima da Estrela da morte, mas Darth Vader e seus soldados já destruíram várias naves e agora querem destruir a dele.

– Em *O show de Truman*, Cristof, o personagem do excelente Ed Harris, fará o possível para dissuadir o nosso herói da sua ideia de fugir do domo e do mundo artificial onde habita desde pequeno.

– Marlim, em *Procurando Nemo*, chega a Sidney.

– Harry consegue superar o cachorro de três cabeças (de nome adequado: "Fofo"), atravessa a sala das chaves, vence o jogo de Xadrez e encontra o Professor Quirrell (e, é claro, o lorde das trevas Voldemort).

– Em *O senhor dos anéis – O retorno do rei*, Frodo e Sam se aproximam da Montanha da Perdição.

Estágio 8 – A grande provação

Chegamos ao ápice da crise.

– No conto do caçador, o nosso herói desafia o urso e faz uso do seu estratagema.

– No *Felicidade*, Mateus encara o Pastor e seus capangas.

A Jornada do Herói **69**

– Em *Star Wars*, Luke enfrenta seu pai e corta seu braço. No entanto, o Imperador decide matar Luke, já que este recusou o seu convite para "se filiar" ao Lado Negro da Força. Darth Vader, finalmente, age como pai e se volta contra o Imperador, matando-o.

– Bilbo encara o dragão num dos diálogos mais instigantes da Literatura mundial.

– O Homem-aranha luta contra o Duende Verde.

– Michael Corleone manda eliminar seus desafetos enquanto batiza seu sobrinho.

– Truman é abordado diretamente por Cristof, que utiliza sua última cartada para mantê-lo no show.

– Neo combate os agentes da Matrix.

– A agente Starling, de *O silêncio dos inocentes*, acha o *serial killer* "Buffalo Bill" e o mata.

– Harry enfrenta o Professor Quirrell (que tem, "em anexo", o Lorde Voldemort).

Estágio 9 – A conquista da recompensa

Tendo superado o maior conflito, o nosso herói ganha um prêmio.

– Perseu, depois de realizar inúmeras façanhas, torna-se rei de Micenas ao lado da bela Andrômeda.

– O Caçador consegue a admiração da tribo e o amor da moça que salvou.

– Michael Corleone se torna *capo dei capi*, senhor de todas as famílias mafiosas.

– Bilbo consegue tirar o dragão da sua valiosa toca.

– Harry encontra a pedra filosofal e Voldemort precisa se esconder mais uma vez.

– Mateus consegue expulsar o Pastor e ganha a gratidão de Sandrinha.

– Frodo e seus amigos recebem, enfim, a paz como recompensa.

– Oscar Schindler, em *A lista de Schindler*, ganha a gratidão dos judeus que salvou.

– Marty Mcfly, de *De volta para o futuro*, consegue não só voltar para o "futuro", mas também consertar os problemas da sua família.

– Luke consegue a "conversão" do pai e a destruição do Império.

– Truman ganha a sua tão desejada liberdade.

– Andy Dufresne, de *Um sonho de liberdade*, também.

Estágio 10 – O retorno ao mundo comum

Após o êxito na sua jornada, o herói volta para o mundo que havia deixado.

– Mateus continua na *maison* da tia e com a vida semelhante à que tinha antes do conflito com o Pastor.

– O caçador retorna à tribo.

– Bilbo se prepara para voltar para o Condado.

– Harry também retorna ao mundo dos trouxas.

– As crianças deixam Nárnia e voltam para o mundo comum.

– Frodo também volta para o Condado.

– Até James Bond sempre volta para Londres.

Estágio 11 – A ressurreição

Não acontece sempre, mas há vezes em que ocorrem tramas secundárias e desdobramentos para o nosso herói tentar resolver.

– As façanhas de Harry e dos seus amigos garantem a vitória de Grifinória na competição entre as casas.

– Perseu liberta Andrômeda e acaba matando acidentalmente o próprio avô.

– Prometeu roubou o fogo do Olimpo. Zeus não gostou nadinha e o condenou a prisão. É onde todos os dias uma águia vem bicar as suas vísceras. Ele é libertado dos grilhões e da sua agonia secular por um famoso herói: Hércules.

– Michael Corleone tem que acalmar a irmã que o acusa de ter matado o seu famigerado marido (e matou mesmo!).

Estágio 12 – O retorno transformado

A história chega ao seu final. O herói volta para casa transformado e, muitas vezes, com um elixir, com um presente qualquer que será concedido à coletividade.

– Bilbo retorna ao lar e escreve um livro sobre a sua jornada.

– Luke supera o Império e se torna um grande Jedi.

– O Caçador traz a sua presa para a tribo e, agora, é um homem corajoso e admirado.

– Andy fugiu da prisão, foi morar na praia, está cheio da grana e vai compartilhar tudo isso com o seu melhor amigo.

– Neo volta para a luta contra Matrix dotado de muitos poderes.

– Harry retorna ao mundo dos trouxas totalmente transformado.

b.
O esquema da Jornada

> *"Numa construção típica, na fase inicial de uma história, os heróis de alguma forma 'iam levando'. Levavam uma vida um tanto desequilibrada, por meio de uma série de mecanismos de defesa ou tolerância. De repente, entra na história uma nova energia que torna impossível que o herói simplesmente continue a 'ir levando'. Uma nova pessoa, condição ou informação desequilibra de vez o herói; daí por diante nada nunca mais será igual."*
>
> **Vogler, Christopher**

➢ Então? Agora tudo fica mais claro, não é? Depois que conhecemos a "estrutura", fica muito mais fácil identificar os Estágios da Jornada do herói em diversos livros e filmes. Todavia, quero lembrar que – obviamente – esses 12 passos não são uma regra engessada e obrigatória. Tanto que em muitas histórias, eles não se fazem presentes. Na ficção não existe apenas "A saga do Herói". O modelo levantado por Campbell é muito utilizado por muitos escritores e roteiristas e, como vimos, em obras de grande sucesso, mas não é um paradigma compulsório para quem deseja criar uma grande história que consiga atrair atenção e gerar emoção na sua audiência. É um excelente atalho, só isso!

➢ Quando eu escrevi o meu romance *O confessor*, não conhecia o Monomito de Campbell. No entanto, depois que comecei a estudar e a pesquisar sobre o assunto, percebi que praticamente todas as fases da Jornada do herói estão lá no meu livro. Foi intuitivo? Estavam no meu arquétipo ou fui influenciado pelo modelo com o qual, tantas vezes, havia me deparado? A resposta me parece simples: foi por tudo isso junto e misturado.

VIII
PARA SE ESCREVER
UMA GRANDE HISTÓRIA

DEPOIS de tudo que conversamos, você já sabe da capacidade que uma história possui para atrair de forma inigualável a atenção das pessoas e agora, decerto, você também quer ser capaz de criar essas narrativas. Pois eu lhe digo, meu amigo: criar boas histórias é a coisa simples mais difícil que existe. É o Santo Graal do mundo do entretenimento.

Caso fosse fácil, a greve de roteiristas que houve em 2007 não teria abalado tanto a robusta indústria de TV e cinema dos Estados Unidos. Por quê? Porque achar bons textos é coisa raríssima! Por que vemos tantos *remake's* hoje em dia? É uma súbita onda de nostalgia? Não. É falta de texto. Tanto que, às vezes, até parece que tudo de bom já *foi feito*!

Mas não é verdade! Aparecem – de vez em quando – alguns livros e roteiros maravilhosos que acabam nos surpreendendo enormemente.

Muito me agradaria se algum leitor deste meu despretensioso livro, a partir das ideias que compartilho, viesse a produzir uma obra criativa que servisse como uma lufada de ar puro e fresco para o mundo atual, porém já me envaideceria se este leitor tivesse noção do quanto uma história é poderosa para engajar pessoas em seus projetos e, por isso, soubesse usar as narrativas para comunicar ideias além de promover mudanças úteis e propor comportamentos positivos para os seus empreendimentos e para a sociedade.

Como fazer, então, para conseguir criar uma boa história? Vou lhe dar algumas dicas. As mesmas que gratuitamente ofereço a mim mesmo antes de me sentar a fim de escrever um conto ou romance. Aqui, forneço igualmente. Só não é tão gratuito.

Por favor, confira a **Receita do Bolo da História Perfeita**:

a.
Receita para se escrever uma boa história:

– Crie personagens "humanos". Mesmo que sejam gatos, cachorros, dinossauros, insetos, ET's, peixes, como no caso de Marlim ou Nemo, não importa. O que importa é que eles tenham emoções e ações profundamente "humanas". E o que nos faz humanos? Nossos defeitos, nossos desejos, nossos medos e, por sorte, também as nossas virtudes. Para Harold Bloom, um dos maiores críticos literários da atualidade, basta conferir Shakespeare. Para Bloom, Shakespeare "inventou" o ser humano. Não só o decodificou em suas obras, mas, verdadeiramente, o inventou, já que os seus personagens acabaram influenciando um bocado da produção literária pelos séculos seguintes. Basta procurarmos qual obra representa o amor mais do que qualquer outra? Claro: *Romeu e Julieta*. Qual obra fala de ciúmes e de inveja melhor do que Otelo? Quer entender de empatia, amizade e de igualdade entre os homens? Leia *O mercador de Veneza*. Quer entender o dilema humano? Procure um teatro e assista a Hamlet. Em outras palavras, quer entender o ser humano, busque o seu inventor, Shakespeare, ou a todos os outros espetaculares ficcionistas que construíram o enorme repertório da nossa Humanidade.

Quer escrever uma história maravilhosa, meu amigo? Então, busque a fonte, ou as fontes. Essas fontes têm alguns endereços específicos. Um deles é Shakespeare. É, eu sei. Parece que estou querendo me gabar parecendo erudito e tal. Eu sei que ele usa termos arcaicos, não muito em voga e difíceis de entender. Ele faz metáforas exigentes. Ele puxa pelo seu cérebro e não o subestima como leitor. Mas, ao término de um Shakespeare, você será mais humano. Supere a preguiça e cresça. Não dá para se assistir – apenas – às novelas da TV aberta para sempre e achar que reuniu algum repertório decente.

O que aprendi com o bardo foi que, para criar personagens densos, você precisa atribuir desejos a eles. Um bom personagem é aquele que tem desejos muito fortes. Quanto mais obstinado for o seu personagem na busca pelo seu objetivo, mais convincente e atraente ele se tornará. Em outras palavras, faça o seu personagem querer e querer demais algo ou alguém.

b.
Os elementos da narrativa

Não se esqueça de localizar os seus personagens no espaço e no tempo, por favor. E, depois que você apresentou os seus personagens, sabe onde estão, quando estão, você precisa de um bom e velho **conflito**. Já conversamos sobre isso: é o problema que gera a história.

Precisa que esse problema seja causado por pessoas? Não obrigatoriamente. Quem é o antagonista de *Vidas secas*? A secura! Isto é, as adversidades criadas pelo clima, pelo ambiente inóspito onde os nossos personagens estão inseridos. O "bandido", portanto, pode ser a geografia, o relevo, uma montanha, o mar, uma tempestade, um dilúvio, um meteoro... Você só não pode é ter pena dos seus "filhos", porque vai colocá-los numa baita enrascada. E, com isso, possivelmente, vai pôr um contra o outro, vai ferir algum, quem sabe até matar outro. É lógico que você não precisa se tornar um George R. R. Martin e ser um verdadeiro sádico com as suas crias, mas saiba também que não vai conseguir nenhuma atenção se os seus personagens viverem a vida que a maioria vive. Ninguém, afinal, está muito a fim de saber o que Fulano comeu no café da manhã, ou se Sicrano saiu ou não na hora certa do trabalho. Entenda, a vida das pessoas é comumente um grande tédio, e quando você oferece uma história para essas pessoas, você praticamente lhes oferece alforria. Você as liberta de todas as chatices do seu cotidiano. Você é o cavaleiro salvador do reino e a história será a sua espada. Use-a sabendo da sua força libertadora.

Então, os seus personagens estão metidos numa grande complicação? Excelente. Agora, piore tudo. Dificulte ao limite da credulidade a vida do seu protagonista. Provoque uma baixa tremenda. Mate um amigo. Fira-o gravemente. Acue-o seriamente. E aumente a tensão. Provoque um dilema moral qualquer no seu protagonista. Ser ou não ser? Matar ou não matar? Abandonar ou não o seu grande amor? Fugir ou não fugir? Desejarei a mulher do próximo? (E se ele estiver longe?!). É o dilema do seu personagem que o universalizará. Todos temos dúvidas, medos, sonhos, desejos e tudo isso, afinal, é um grande dilema. Uma questão existencialista. Estamos, todos nós, vivendo a dor da decisão. Como diz Sartre, somos todos condenados à liberdade. E a liberdade, meu amigo, afaga e dói. Decidir por algo prescinde a renúncia de algo. Por isso, somos todos um bando de angustiados. Por que o seu personagem não o seria também? É triste, mas ele vai ter que sofrer. E quanto maior for o seu sofrimento, maior será a simpatia da assembleia para com ele. Não caia na tentação de livrá-lo tão rapidamente desse "abraço da morte". Você tem agora justamente o que todos, absolutamente todos, desejam. Você tem a atenção completa das pessoas, ou melhor: você tem *as pessoas*.

Por que, ora, depois de tanto esforço, você as soltaria tão veloz e facilmente das suas mãos? Não o faça. A atenção de uma assembleia é um luxo! Force mais um pouco. Ou melhor: engane-a. Ofereça uma falsa saída e faça parecer que ele, o seu dileto herói, *escapou*. Isso! Você vai causar uma impressão para o seu público e ele quase vai relaxar. Quase! Porque o dragão voltou, ressurgiu do abismo com forças renovadas e agora sim vai devorá-lo sem piedade.

Mas você tem uma supresa para os seus expectadores, não tem? Cara sabido! Você tem a solução logo ali pertinho, à mão, e vai sacar a arma escondida no momento derradeiro, na última hora, quando todos já desconfiavam do pior. Você é ótimo, meu amigo! Você é de uma generosidade impagável. Você é Madre Teresa, é Martim Luther King, é Gandhi. Você salvou o herói. E com ele salvou o dia e todo mundo. Porque todos, agora, estão aliviados. Mas não só aliviados, estão – na verdade – em êxtase.

Agora, você poderá oferecer ao seu público o **arremate final**. Você poderá revelar as peças que faltavam para completar o quebra-cabeça. Poderá fornecer as informações finais para solucionar o dilema moral que foi apresentado. Poderá, então, pacificar o seu protagonista – agora transformado, evoluído, consagrado – e, claro, acalmar todo mundo. O público sairá da história ainda condoído, ainda com as cicatrizes da luta, mas com a sensação nítida da catarse realizada, com a alma lavada e enxaguada. Palmas para você, grande cronista. Você é o herói que salva o herói. Você é o herói que salva o mundo.

IX
HISTÓRIAS QUE SIRVAM PARA

TALVEZ eu o desaponte, meu amigo, mas a princípio não acredito que histórias sirvam exatamente para alguma coisa. As histórias, afinal, jogam no campo da Literatura e a Literatura, por sua vez, é uma Arte. Arte não serve. Arte é. Tesouras, tijolos, abridores de refrigerantes – esses sim – servem. Atribuir serventia à Arte ou à Literatura é um ato que as instrumentaliza e, por isso, corre o imenso risco de diminuí-las, reduzi-las, delimitá-las. É cair no velho funcionalismo das coisas. Não há um GPS para a Arte que garanta resultados específicos. Não é só apertar um botão. Arte é troço relativo.

Você não enxerga assim? Pois lhe pergunto: Para que serve a *nona sinfonia* de Beethoven? Para que servem "As meninas" de Velasquez? Para que servem as fotografias de Sebastião Salgado ou a maravilhosa dança do balé Bolshoi?

Assim também é a ficção. Ela é, e pronto. Ela existe para causar. Causar o quê? Emoção, paixão, fruição, prazer, dor, surpresa... Elementos não obrigatoriamente racionais e cartesianos. Lembre-se: não somos seres pensantes que sentimos, mas, na verdade, seres emocionais que pensamos. Pronto. Eis o campo onde joga a Literatura. Ela joga no campo da subjetividade. Por isso, ela tem tal alcance. Por isso, ela consegue atingir, não só o nosso consciente com a sua racionalidade, quanto o nosso inconsciente, com os seus mistérios. Por isso ela tem significados maiores do que as próprias palavras.

Isso quer dizer que não podemos usar as histórias para algo? Não. Nada disso! Não podemos também trazer reflexões e promover descobertas a partir de músicas ou de interpretações de alguma obra de Arte? Logicamente, também podemos fazer uso da Literatura e, por isso, também da narrativa. Temos apenas que ter cuidado com a expressão "histórias para". Há histórias. O "para" é uma inferência pessoal.

Certa vez, numa palestra para uma grande empresa de São Paulo, um executivo, com todos os acessórios de "pragmático", me pediu uma história para motivar os seus funcionários. Tive que lhe dizer que histórias não são como facas. Não há história para cortar carne, história para passar manteiga na bolacha, história para serrar pão... Há histórias, as quais têm efeitos completamente diferentes nas pessoas. Inclusive, nenhum efeito! Por quê? Porque as pessoas são mesmo diferentes. A sensibilidade é uma gaveta que, dependendo do sujeito, fica num lugar escondido e de difícil acesso. É a história de cada um que interfere na ação e no alcance da história. As histórias de ambos têm que dialogar para que haja efeitos emocionais e racionais. Os dois elementos deveriam caminhar juntos.

Entretanto, em relação à Arte, meu amigo, não há garantias. Há livros que fazem um sucesso retumbante e ninguém sabe bem o motivo. Há músicas que levam uns às lágrimas e outros a bocejos. Há peças de teatro que provocam grandes reações emocionais na plateia das 18 horas. Já no grupo das 20 horas, não provocou grande coisa. Por quê? Há causas e causas. Algumas são inexplicáveis. Temos que aceitar isso.

Há histórias que *podem* causar certas respostas, mas não – obrigatoriamente – geram exatamente as compreensões que desejamos. A conexão emocional, no entanto é o maior benefício passível de ser alcançado. Fazer uso do modelo da "Jornada do herói", sem dúvidas, ajuda a lograr os seus objetivos. A Jornada, afinal, fala quase que diretamente com nosso ser ancestral. Conversa com o nosso eu mais profundo, porque fala dos nossos arquétipos, os quais são universais e atemporais.

Sugeri, portanto, ao nosso executivo que procurasse nas suas experiências e no seu imaginário as próprias histórias. Pedi-lhe que construísse a partir das suas convicções e experiências a narrativa que gostaria de contar.

– Mas, o que faz uma história verdadeira ter mais êxito do que uma inventada? – me perguntou o homem pragmático (E pela pergunta, dá para se certificar realmente de quem ele era e como pensava).

– Quando você diz que uma história é verdadeira, você está querendo dizer que ela ocorreu, não é isso?

– Sim. Que ela aconteceu. Que é baseada em fatos reais. Uma biografia, por exemplo.

– Permita-me uma pergunta antes de lhe responder. Mas, você gosta da sua mãe?

– Ora, é claro que gosto! – me respondeu o homem meio aturdido.

– Então, se você tivesse a ideia de escrever uma biografia sobre ela, me diga, o quanto ela seria imparcial? Você colocaria os defeitos mais desagradáveis dela? Relataria como ela se comportava quando estava de mau humor? Contaria as situações vexatórias, os momentos ruins?

– Não, nunca. Eu amo a minha mãe. Não quero que a vejam assim.

– E mesmo assim essa história seria verdadeira? O que é a verdade senão uma versão dos fatos? Somos realmente tão imparciais assim para relatarmos a verdade nua e crua? Não podemos encontrar mais verdade numa fábula ou numa ficção do que numa biografia? E se fosse numa autobiografia, encontraríamos menos verdade ainda. Eu, por exemplo, se fosse escrever uma autobiografia, iria terminar ou morto ou no inferno. Possivelmente, morto e no inferno! Hemingway dizia: "Escreve, se puderes, coisas que sejam tão improváveis como um sonho, tão absurdas como a lua-de-mel de um gafanhoto e tão verdadeiras como o simples coração de uma criança." A verdade, meu amigo, não está no que se diz, mas na emoção com a qual se diz.

Acho que o convenci.

X
HISTÓRIAS QUE ENSINEM

SABE qual é a semelhança entre as histórias de *Chapeuzinho Vermelho*, *Os três porquinhos*, *Cinderela* e *Branca de Neve*? Todas elas são contos de fadas? Certo! Você merece um dez. Porém, além disso?

É simples: todas têm um cunho didático!

Essas histórias – *a priori* – foram contadas e recontadas através das gerações. Elas já eram da tradição oral quando escritores como os irmãos Grimm, Jacobs e Perrault as compilaram e escreveram. Já faz, afinal, muito tempo que as histórias são usadas para ensinar. Ensinar a não falar com estranhos, a obedecer aos pais, a não aceitar nada de bruxas e a não fazer perguntas de duplo sentido a lobos.

a.
Histórias didáticas

As histórias são excelentes recursos para sedimentar ensinamentos e, por isso, me assusta a não utilização delas nas nossas salas de aula tanto quanto deveriam. Afinal, é uma estratégia perfeita. A mesma que utilizamos quando fazemos desenhos engraçadinhos na beterraba e na cenoura para o almoço das crianças. Enquanto lhes agradamos, podemos lhes fornecer os nutrientes de que precisam.

Faz mais de 30 anos que utilizo a ferramenta do *storytelling* nas minhas aulas e o resultado é sempre o mesmo: os alunos amam. Parece falta de modéstia da minha parte, eu sei. Mas a minha intenção não é evidenciar o pecador, mas o pecado. E não dá para negar: o pecado funciona. Os alunos nem sequer piscam. Não ficam no celular. Não atiram aviõezinhos na classe. Torcem para a aula não acabar.

Qual é a receita?

Nessas quase três décadas de docência, costumo levar estudantes em viagens pedagógicas para diversas cidades do Brasil e do mundo. O que faz um adolescente se interessar por uma obra de arte, como as de Van Gogh ou Picasso? O que ajuda a chamar a atenção de um jovem para uma caverna na Chapada Diamantina ou para a arquitetura de Brasília? Garanto a você, meu caro amigo, uma coisa é a informação nua e crua. Outra é a informação "temperada" pela narrativa.

É o que eu mais repito nos meus *workshops* para professores: inclua uma boa história na sua aula e se acabarão os problemas de atenção.

b.
Exemplos de histórias

Certa feita, estava prestando consultoria para uma empresa de Campinas e o gerente me veio com esta demanda: preciso de uma história que ensine.

– Você quer uma história que ensine? – perguntei-lhe.

– Sim. Uma história que possa nos ajudar a ensinar valores, princípios de convivência. Que nos ajude a refletir sobre algum problema da empresa.

– Qual o seu problema na empresa?

– Ah, temos muitos.

– Não há histórias para tudo. História não é analgésico.

– Honestidade.

– Você acha que estão roubando a empresa?

– Pode ser, mas honestidade não é só isso.

– Eu conheço algumas. Há uma que é famosa. Ouvi dizer que é um conto oriental. Chama-se *A Flor da Honestidade*:

"Conta-se que por volta do ano 250 a.C., na China antiga, um príncipe da região norte do país estava às vésperas de ser coroado imperador, mas, de acordo com a lei, ele deveria se casar.

Sabendo disso, ele resolveu fazer uma "disputa" entre as moças da corte ou quem quer que se achasse digna de ser sua esposa. No dia seguinte, o príncipe anunciou que receberia, numa celebração especial, todas as pretendentes e lançaria um desafio.

Uma velha senhora, serva do palácio há muitos anos, ouvindo os comentários sobre os preparativos, sentiu uma leve tristeza, pois sabia que sua filha nutria um sentimento de profundo amor pelo príncipe.

Ao chegar à casa, contou à garota e desesperou-se ao ver que ela pretendia ir à celebração, indagando preocupada:

– Minha filha, o que você fará lá? Estarão presentes todas as mais belas e ricas senhoritas da corte. Tire esta ideia insensata da cabeça, eu sei que você deve estar sofrendo, mas não torne esse sofrimento uma loucura!

E a filha respondeu:

– Não, querida mãe, não estou sofrendo e muito menos louca. Eu sei que jamais poderei ser a escolhida, mas é minha oportunidade de ficar pelo menos alguns momentos perto do príncipe, e isso já me torna feliz.

Na hora marcada, a jovem chegou ao palácio. Lá estavam, de fato, todas as mais belas meninas, com as mais belas roupas, as mais belas joias e com as mais determinadas intenções.

Então, o príncipe anunciou o desafio:

– Darei, a cada uma de vocês, uma semente. Aquela que, dentro de seis meses, me trouxer a mais linda flor, será escolhida minha esposa e futura imperatriz da China.

O tempo fluiu e a doce criaturinha, posto não tivesse muita habilidade nas artes da jardinagem, cuidava com bastante paciência e ternura da sua semente, pois sabia que, se a beleza da flor surgisse na mesma extensão de seu amor, ela não precisava se preocupar com o resultado. Todavia passaram-se três meses e nada surgiu.

A mocinha tudo tentara, empregara todos os métodos que conhecia, porém nada havia nascido. E findaram os seis meses. Consciente do seu esforço e dedicação, ela comunicou à mãe que, independente das circunstâncias, retornaria ao palácio, no prazo combinado, pois não pretendia nada além de mais alguns momentos na companhia do príncipe.

Lá se apresentou, com seu vaso vazio e aturdida se deu conta das suas pretendentes, cada uma com uma flor mais bonita que a outra, das mais variadas cores e formas. A jovem ficou admirada, jamais presenciara cena tão sublime.

Finalmente, chegou o momento esperado: o príncipe passou a observar a flor trazida por cada uma das pretendentes, com muito cuidado e atenção. Após minuciosa análise, ele anunciou um resultado surpreendente, indicando a cativante e humilde jovem como sua futura esposa.

O público presente, perplexo, quis saber o motivo: afinal, o desafio previa que se casaria com a moça que lhe trouxesse a flor mais irresistível e ele escolhera, justamente, a que não cultivara flor alguma...

Então, calmamente, o príncipe esclareceu:

– Esta jovem foi a única que cultivou a flor que a tornou digna de se tornar uma imperatriz: A Flor da Honestidade. Senhoras, senhores e senhoritas: todas as sementes que entreguei eram estéreis.

– Adorei. Vou levar para a reunião mensal. Teria alguma sobre inveja?

Tenho observado que o clima aqui dentro anda meio pesado.

– Há esta que também é conhecida: *O vaga-lume e a serpente*.

"Conta a lenda que, uma vez uma serpente começou a perseguir um vaga-lume. Este fugia rápido, com medo da feroz predadora, e a serpente nem pensava em desistir.

O vaga-lume fugiu um dia e ela não desistia, dois dias e nada...

No terceiro dia, já sem forças, o vaga-lume parou e disse à serpente:

– Posso lhe fazer três perguntas?

– Não costumo abrir esse precedente a ninguém, mas já que vou te devorar mesmo, pode perguntar...

– Pertenço a sua cadeia alimentar?

– Não!, respondeu a serpente.

– Eu te fiz algum mal?

– Não, continua a serpente.

O vaga-lume, sem entender, pergunta:

– Então, por que você quer acabar comigo?

A serpente conclui:

– Porque não suporto ver você brilhar..."

– Maravilhosa! É disso mesmo que precisava! E sobre ética no trabalho?

– Meu amigo, há mil histórias. Na verdade, o bastante para mil e uma noites e ainda mais. Por sinal, foi isso que garantiu a vida de Sherazade por tanto tempo. Ela prometeu ao sultão uma história por noite. Ela estava jurada de morte. Mas como o rei persa queria saber das suas narrativas, ele a poupava. Sherazade foi a rainha do *storytelling*. Eu também posso passar mil e um dias aqui com vocês. Não me incomodo. Vocês pagam bem e o café da firma é forte como eu gosto. Mas, que tal se vocês mesmos criassem ou garimpassem as suas histórias? Vocês já são grandinhos e capazes de caminhar com as próprias pernas. Seria mais econômico e, talvez, mais eficaz para vocês.

– Onde posso buscar essas histórias?

– Esopo, Monteiro Lobato, La Fontaine, Andersen, Irmãos Grimm...

– Encontro na Internet?

– Encontra. Por sinal, o que não se encontra na Internet? Até coisas boas se encontram! Mas ainda lhe sugiro um ambiente melhor. Chama-se biblioteca, ou mesmo, livraria. Ambas servem muitíssimo a quem busca boas histórias.

XI
OS ATALHOS DA PIXAR (DO YOURSELF)

QUE tal você mesmo fazer?

Como? Dou-lhe uma boa dica. Que tal seguir os passos da PIXAR?

Ninguém questiona hoje em dia a eficácia da PIXAR em criar histórias envolventes e inovadoras (*Procurando Nemo, Monstros S.A, Carros, Toy story...*). Mas essa eficiência nasce também de um modelo desenvolvido pela equipe de criação da empresa. Vamos conferir as dicas de como criar histórias seja para o cinema seja para a publicidade que Emma Coats, uma das suas criadoras, publicou:

1. Um personagem deve se tornar admirável pela sua tentativa, mais do que pelo seu sucesso.

2. É preciso manter em mente o que te cativa como se você fosse parte do público, e não pensar no que é divertido de fazer como escritor. As duas coisas podem ser bem diferentes.

3. A definição de um tema é importante, mas você só vai descobrir sobre o que realmente é a sua história, quando chegar ao fim dela.

Então reescreva.

4. Era uma vez um/uma _____. Todo dia, _____. Um dia, então _____. Por causa disso, _____. Por causa disso _____. Até que finalmente_____.

5. Simplifique. Tenha foco. Combine personagens. Não desvie do principal. Você sentirá como se estivesse perdendo material valioso, mas ficará mais livre.

6. No que os seus personagens são bons e o que os deixa confortáveis? Coloque-os no lado oposto a isso. Desafie-os. Como eles lidarão com essas situações?

7. Crie o final antes de saber como será o meio. Sério. Finais são difíceis, então adiante o seu trabalho.

8. Termine a sua história e deixe-a, mesmo que não seja perfeita. Siga em frente. Faça melhor da próxima vez.

9. Quando você tiver um "branco", faça uma lista do que não irá acontecer no andamento da história. Muitas vezes, é assim que surge a ideia de como continuá-la.

10. Separe as histórias que você gosta. O que você vê de bom nelas é parte de você. É preciso identificar essas características, antes de usá-las.

11. Colocar no papel permite que você comece a consertar as falhas. Se deixar na sua cabeça até aparecer a ideia perfeita, você nunca compartilhará com ninguém.

12. Ignore a primeira coisa que vier a sua cabeça. E a segunda, terceira, quarta, quinta – Tire o óbvio do caminho. Surpreenda a si mesmo.

13. Dê opiniões aos seus personagens. Passivo/maleável pode parecer bom enquanto você escreve, mas é um veneno para o público.

14. Por que você precisa contar essa história? Qual é o combustível que queima dentro dela, e do qual ela se alimenta? Esse é o coração da história.

Os atalhos da PIXAR (*do yourself*) **99**

15. Se você fosse o seu personagem, e estivesse na mesma situação, como você se sentiria? Honestidade dá credibilidade para situações inacreditáveis.

16. O que está em jogo? Nos dê uma razão para nos importarmos com o personagem. O que irá acontecer se ele fracassar? Coloque as probabilidades contra o sucesso.

17. Nenhum material é inútil. Se não está funcionando, largue de mão e siga em frente. Ele pode ser útil mais tarde.

18. Você deve saber a diferença entre dar o seu melhor e ser espalhafatoso. Histórias são para testar, não para refinar.

19. Coincidências que coloquem os personagens em problemas são ótimas; as que os colocam fora deles são trapaça.

20. Exercício: Divida em pedaços um filme que você não gosta, e o reconstrua de forma que ele se torne um bom filme.

21. Você deve se identificar com as situações e reações dos seus personagens, e não escrevê-las de qualquer forma. Você agiria da mesma maneira que eles?

22. O que é essencial na sua história? Qual a forma mais curta de contá-la? Se você souber a resposta, pode começar a construí-la a partir daí.

* Texto retirado do *site* Comunicadores.info com tradução de @lucaseditor

Todas as dicas são, de fato, excelentes, mas quero fazer referência essencialmente a uma e é logo a primeira: *Um personagem deve se tornar admirável pela sua tentativa, mais do que pelo seu sucesso.*

Não sei a sua idade, meu caro leitor, mas no tempo da minha adolescência, há mais de vinte anos, os heróis clássicos *não eram assim*. Os heróis da minha juventude não eram "admiráveis pelas suas tentativas". Eram pelo sucesso e ponto-final.

Esperava-se alguma insegurança ou vulnerabilidade do Rambo ou Homem de seis milhões de dólares? Aceitar-se-ia alguma fraqueza ou hesitação do 007 – Sean Connery? O Conan não *tentava* trucidar alguém. Ele esmagava o desgraçado e pronto.

Então, o que aconteceu com os heróis? Enfraqueceram?

A resposta é óbvia: na verdade, se humanizaram.

Tornaram-se, assim, mais acessíveis, gerando maior identificação com o público.

Ninguém consegue mais se relacionar com um protagonista imbatível, intangível, inodoro e que não solte as tiras. No século XXI, James Bond treme, grita de dor e, inclusive, chora (quando morre M., a sua antiga mentora, em *Skyfall*). Rocky perde uma luta e não vai haver revanche desta vez. Wolverine passa séculos sofrendo pelo amor perdido. Nemo é um peixinho deficiente físico, está lembrado? Ele tem uma nadadeirinha atrofiada. Como Soluço, o herói de *Treinando o seu dragão*, também é, já que perdeu um pé.

Os heróis não perderam as suas maravilhosas habilidades, mas o que mais vemos nas telas de cinema é o ser humano que existe por detrás desses poderes.

Portanto, essa é mais uma dica preciosa para você que quer aprender a usar e criar histórias. Não tente utilizar protagonistas invencíveis, intransponíveis e infalíveis. O público quer ver gente. E gente é cheia de defeitos, fraquezas, deméritos, inseguranças e falhas. Mesmo que sejam grandes heróis. E talvez até sejam mais heróis por causa disso. Porque superam as suas mazelas por um ideal maior do que eles próprios. Como diz Campbell, *herói é aquele que se sacrifica pela comunidade.*

XII
O USO DE HISTÓRIAS NO MUNDO CORPORATIVO

O GRANDE mérito do *storytelling* está no seu imenso poder de persuasão, de gerar engajamento, envolvimento...

Ao afirmá-lo, preciso ressaltar que não há nada de imoral em tentar convencer alguém sobre um ponto de vista seu como também conseguir apresentar as suas ideias da forma mais atraente possível.

Quantas vezes na sua vida profissional você já presenciou alguém ter o seu projeto aprovado depois de você já ter apresentado a mesma ideia, às vezes, várias vezes? "Que bela proposta, João! Você sempre é tão criativo, inovador, proativo..."

Mas a ideia era *sua*, então por que não fora aceita quando você a colocou sobre a mesa?

Geralmente, porque a ideia era *sua* e você não a soube vender bem.

Ouvi um termo recentemente cunhado pela Ayr Consulting, uma empresa especialista em inovação com quem colaboro, que está chamando esse comportamento de *storyselling*. Se *storytelling* é a "arte de contar histórias", *storyselling* seria a "arte de vender histórias".

Como assim, "vender"?

É que *contar* histórias não é fácil e nem para qualquer um, mas *vender* é mais difícil ainda.

A diferença é simples: quando você apenas conta uma história, não – obrigatoriamente – você espera alguma reação do seu ouvinte. Não há um interesse tão grande que exista alguma contrapartida da sua audiência. Já no caso do *storyselling*, o retorno é a razão da história. Por isso, há até quem faça a grafia do termo como *story$elling*.

O uso de histórias para vender produtos não é nenhuma novidade. A publicidade faz isso desde o seu berço. Basta nos sentarmos um pouquinho diante da TV para observarmos quantas propagandas utilizam da ferramenta do *storytelling* para tentarem se comunicar com seus clientes e, a partir disso, vender mais.

O problema é que não precisa ser nenhum gênio para se dar conta de que a audiência da TV cai potencialmente durante os intervalos comerciais. O ideal, portanto, seria se utilizar do *merchandising* e incluir os produtos dentro da programação ou do filme, por exemplo? Claro. Mas, nem todo mundo faz isso com a sutileza com a qual deveria.

James Bond não diz "uma vodka-martini como essa não existe!" Em compensação, foram os filmes do agente criado por Ian Fleming que popularizaram a bebida destilada nos Estados Unidos. Hoje, o país é o segundo mercado mundial de consumo de vodka. Poderíamos dizer que ocorre o mesmo com todos os produtos relacionados à franquia. Ou, na verdade, às franquias.

Por sinal, você tem alguma ideia do tamanho da soma que gira no mundo gerada pelas diversas sagas do cinema? Por Harry Potter ou pelos Vingadores, por exemplo? É algo astronômico! São jogos eletrônicos, brinquedos, artigos escolares, roupas... E, me diga, quem os vende? Ela, a história.

A narrativa está no DNA humano, meu caro. Guardamos muito mais um conhecimento quando ele está relacionado a uma história. São preceitos, valores, doutrinas, ditos, adágios, que, por sua vez, podem ser transmitidos por gerações e gerações, ao redor do mundo. É essa a promessa

O uso de histórias no Mundo Corporativo **105**

do *storytelling*: causar penetração, engajamento, envolvimento e, também, compra de produtos, ideias ou serviços.

É lógico que o mercado sabe disso e faz uso desse poder. Qual? A possibilidade de promover marcas, produtos, serviços, empresas, ideias, projetos, causas e mensagens corporativas através das histórias. Roosevelt dizia "Aonde chegam nossos filmes, chegam nossos produtos". O grande presidente dizia isso em 1940. Era, realmente, um visionário. Imagina o quanto esse fenômeno se potencializou hoje em dia, na era da informação?

XIII
HISTÓRIAS DE MOTIVAÇÃO

"**TUDO** começou quando, pela primeira vez na vida, resolvi contrariar meus pais e me alistar no exército. Talvez, a minha primeira grande vitória na vida adulta."

É assim que começa a narrativa que Diego Rondon Borin, gerente de consultoria, faz para a sua equipe de trabalho. Diego está observando que os seus colaboradores estão com sintomas de falta de entusiasmo. Que a motivação e o espírito de equipe, ultimamente, não andam frequentando – como deviam – aquelas redondezas. Dias antes, Diego havia assistido às minhas aulas de *storytelling* no Pós-MBA da *Inova Business School*, em Campinas. *Por que não tentar*? pensou Diego.

"Confesso que entrar no quartel todos os dias às 5h30 da manhã não era fácil. Mas foi assim que ingressei no exército, para aprender sobre disciplina e companheirismo.

Era tempo de escolher se deveria faltar na faculdade ou dobrar os plantões. Com o relacionamento próximo ao Sargento que nos orientava, algumas provas e testes passados, alcancei o posto de comandante de pelotão, o que aumentava minha chance de ter que ficar, durante as jornadas quinzenais de vinte e quatro horas, protegendo o quartel.

Os plantões na madrugada começaram bem na época mais fria do ano. Durante as madrugadas, o vento parecia nos cortar até os ossos, tão baixa era a sensação térmica.

Como comandante da guarda, guardava alguns privilégios, tais como um quarto quente e separado dos demais, roupa mais resistente ao frio e, principalmente, não havia a necessidade de o comandante realizar o que chamávamos de "pagar hora", ou seja, ficar de pé, parado nos postos de defesa e exposto às intempéries, segurando o pesado fuzil, durante várias horas na madrugada.

Ao passar meu primeiro comando na madrugada, percebi o sofrimento de meus comandados. Todos congelavam de frio, e o resultado foi que ficaram gripados em seguida. Não poderia mais permitir que essa situação se mantivesse e tomei uma decisão: fazer a diferença em meus plantões.

Sem que ninguém estivesse esperando, durante o momento mais frio da madrugada, abri mão de ficar aquecido debaixo das minhas cobertas e fui ao corpo da guarda para fazer um acalentador chocolate quente. Levei aos meus homens que ficavam de plantão. Além disso, também oferecia oportunidade para que meus homens pudessem se aquecer e ir ao banheiro. Esse pequeno gesto de ajuda, que me deixava satisfeito de fazer, tornou-se frequente durante todo o tempo que servi ao exército. E suas consequências também.

Houve um movimento por toda a organização nacional do exército trazendo como exemplo de companheirismo aquela ação despretenciosa que eu realizava, porém esse não foi o principal legado. Durante uma das infinitas noites em que comandei a guarda noturna do 27º BIL (Batalhão de Infantaria Leve), tive uma súbita gripe, sentia muitas dores e tremia mais que plataforma vibratória.

Nessa noite, meus comandados me ensinaram que o companheirismo é uma via de mão dupla. Sem serem orientados por ninguém, realizaram uma ação inédita. Era meu pelotão tirando o colchão dos aposentos do comandante e levando para o corpo da guarda (aposento dos soldados). Pularam o muro do quartel (evadiram) e foram até a farmácia comprar remédio para mim. Conduziram-me, então, até os aposentos deles para que pudessem cuidar melhor de mim, fizeram leite quente e monitoraram minha temperatura. Durante a madrugada, nos três horários em que deveria realizar a ronda (guarda obrigatória e monitorada), correndo risco de sérias punições, vestiram minha japona (jaqueta característica do exército), minha braçadeira e cumpriram minhas funções no meu lugar.

Amanheci melhor, em virtude dos cuidados dispensados pelo grupo e também pela satisfação que só o companheirismo verdadeiro pode trazer."

Qual foi a reação da equipe de Diego após a narração da sua história? Ele me contou depois, bastante emocionado, que vários foram às lágrimas e que absolutamente todos entenderam exatamente a "mensagem" que estava implícita na narrativa: o valor do sentimento de grupo. O velho, nem por isso ultrapassado: *Um por todos e todos por um*! O famoso lema dos *Três Mosqueteiros*, do célebre escritor Alexandre Dumas.

O que você acha, meu amigo? Teria havido a mesma resposta se ele tivesse feito um discurso coercitivo sobre a necessidade do trabalho em equipe para o crescimento da produtividade da empresa? Se ele tivesse apresentado gráficos, mapas e relatórios apontando os méritos e os deméritos do último trimestre? Números geram metas, é verdade. Mas são histórias que inspiram pessoas.

E, na verdade, com quem trabalhamos?

XIV
NARRATIVAS CORPORATIVAS

HISTÓRIAS no mundo corporativo podem ser utilizadas para:

– Criar empatia e "quebrar o gelo".

– Construir um espírito de grupo.

– Preservar e difundir a história da empresa.

– Criar uma identidade de marca.

– Transmitir conceitos e valores para uma equipe.

– Promover a inovação.

– Partilhar visões.

– Convocar para a ação.

– Humanizar as relações.

– Encantar clientes.

– Motivar grupos e inspirar as pessoas.

Há também aquelas histórias que ocorreram dentro do ambiente corporativo que acabam virando "piadas internas", ou "palavras de ordem", as quais, se tornam, por fim, patrimônio daquele grupo. É muito importante que esse tipo de narrativa seja estimulado, porque acaba desenvolvendo uma verdadeira cultura da empresa, pois cria identificações e um sentimento de pertencimento territorial que é muito positivo para o grupo.

Agora vou lhe contar como o meu amigo Marcelo Veras, CEO do Grupo ATMO de Educação, fez para criar uma primeira conexão e inspirar os seus colaboradores no início da sua gestão na empresa.

Dias antes da sua apresentação para professores do Grupo, ele me procurou com uma dúvida. Ele queria abrir a sua reunião com algo que, de cara, atraísse a atenção dos ouvintes, quebrasse o gelo e os engajasse nas suas propostas. Ele queria deixar claro que era uma pessoa de Educação e apaixonada por Educação.

É lógico que lhe sugeri que utilizasse uma história. (Cada um que venda o seu peixe...).

Preferimos – desde o início – usar uma história real, no sentindo que realmente acontecera na sua vida. Então fomos garimpar essa história oculta nas suas reminiscências.

Devo dizer que não foi nada difícil, já que Marcelo havia começado a sua vida profissional como professor. E, depois de ser executivo de várias empresas multinacionais, havia voltado a atuar como tal a convite de algumas célebres faculdades de São Paulo.

O trabalho de prospecção nos levou logo ao seu primeiro mês de aula quando, na pequena escola estadual em Minas Gerais que havia o convidado, aos 18 anos, a substituir temporariamente a professora de matemática, lhe ocorreu algo, no mínimo, inusitado.

Ele soube por vários alunos que dias atrás houvera uma briga na escola e que um dos garotos que participara da contenda havia trazido uma faca para se vingar do seu agressor. Marcelo não pensou duas vezes. No intervalo, a primeira coisa que fez foi procurar o adolescente. Pediu para que permanecesse na sala no recreio e se sentou para conversar com o potencial agressor, argumentando e, ao final, pedindo para que lhe entregasse a faca e desistisse de tal tolice.

Quero repetir: era a sua primeira experiência como professor. Ele ainda era muito jovem e sem experiência. Marcelo mal havia entrado na faculdade. Não tinha ainda convivência nem intimidade com os alunos. Ele não conhecia o garoto. Não sabia, portanto, se seria agredido pelo mesmo ou não. O risco existia, mas o seu papel ali como autoridade e como educador era mais preponderante que o medo que poderia existir.

O menino hesitou quando viu aquele jovem que não era tão mais velho do que ele lhe solicitar a sua faca. A raiva que nutria pelo outro garoto era muito grande e parecia lhe cegar a razão.

Porém, por sorte e pela intervenção do seu jovem professor, o rapazote lhe passou a arma e a briga não se tornou uma tragédia por muito pouco.

Anos depois, num *shopping* da cidade, Marcelo foi abordado por um homem que não poderia reconhecer.

– Você se lembra de mim, Professor? – perguntou o moço.

– Desculpa, mas, infelizmente não. São tantos anos em sala de aula..., respondeu Marcelo com aquele velho constrangimento do professor quando situações como essas ocorrem.

– Não importa. A verdade é que sempre quis lhe encontrar. Você foi muito importante para mim. Hoje tenho um bom emprego e uma família maravilhosa. Mas, se naquele dia, anos atrás, você não me tivesse tirado aquela faca, eu não sei como teria sido a minha história. Quero lhe agradecer pelo que fez por mim e por se importar com os seus alunos. Você fez muita diferença para mim.

E foi assim que Marcelo começou a sua apresentação para os educadores do Grupo ATMO. Devo dizer que foi um sucesso absoluto. Que todos os professores se identificaram com o novo presidente do Grupo do qual faziam parte. E que, principalmente, entenderam a mensagem: é essencial que nos importemos com os nossos alunos.

O que poderia ter causado impressão melhor do que a sua história?!

Por fim, Marcelo ficou exultante, não só porque fez "diferença" na vida daquele jovem em Uberlândia, mas também em virtude do que seu exemplo e trabalho acabariam fazendo na vida de milhares.

XV
FICÇÃO DE EXECUTIVO

SALVE-SE quem puder, mas executivos estão escrevendo romances!

– Sério, eu sei, eu vi.

Quem sabe dentro de pouco tempo estarão escrevendo poemas (com olhos marejados!) e compondo baladas de amor? A humanidade não está perdida. Os brutos também amam. Eu sei porque estou acompanhando a produção do livro que o meu brilhante aluno do Pós-MBA da INOVA BUSINESS SCHOOL, Ricardo Basaglia e seu amigo, Guilherme Rego, estão finalizando e com o qual, prazerosamente, estou colaborando.

Ricardo e Guilherme foram inteligentes e estratégicos ao utilizarem as suas vastas experiências corporativas, um como diretor da Michael Page, uma sólida multinacional especialista em recrutamento, e o outro como CEO da Elevartis, para escreverem uma obra de ficção que pretende instruir o profissional a se transformar num gerente completo.

Como bem sabemos, *storytelling* é o uso de histórias como ferramenta para compartilhar conhecimentos, experiências, ideais e informações com o objetivo de se conectar emocionalmente com pessoas e de alcançar um objetivo.

Quando pensamos em utilizar o mecanismo do *storytelling*, precisamos ter algumas respostas claras às seguintes perguntas:

– Quem quero mobilizar?

– Qual reação gostaria de causar?

– Qual história quero contar? É uma "real" ou uma ficção?

– Como contar essa história? Quais recursos devo utilizar para que ela se torne mais interessante?

– Como medir o sucesso dessa história?

Você acha que Malcolm Gladwell (*Outliers, Blink, Davi e Golias*) e James C. Hunter (*O monge e o executivo*) fizeram e fazem tanto sucesso por acaso? Você não percebe que eles se utilizam da ferramenta do *storytelling* quase o tempo inteiro nos seus livros?

Como você poderá observar nas próximas linhas, Ricardo Basaglia e Guilherme Rego seguem à risca essa "receita" e, por isso, logram com eficácia fazer uso das imensas potencialidades do *storytelling*.

" [...]

– Bom, vamos começar, André?

– Claro, Adriana, claro!

– É importante termos essa conversa, pois quero muito estabelecer uma relação de confiança com você e ajudá-lo a se adaptar à nova função.

– Eu te agradeço muito, Adriana! Mas antes posso te fazer uma pergunta sobre um assunto que acabou de aparecer antes de eu subir aqui?

– Claro, André!

– Depois do almoço o Túlio, estagiário do departamento, entrou na minha sala, sem ter pedido agenda, para me dizer...

– Já sei, André! Nosso futuro presidente está ansioso com seu futuro, não é?

– Então você já sabe?

– Sim, o Geraldo já tinha me falado sobre ele. Vou dizer a você o mesmo que disse a ele: se queremos mesmo valorizar as pessoas e cultivar

Ficção de Executivo **123**

a meritocracia, não devemos debochar da ambição dele. Ao contrário, dê a ele tarefas cada vez mais desafiadoras para entender como ele vai. Provavelmente, ele mesmo vai concluir que precisa de mais experiência para crescer alguns degraus. Ele tem um currículo impecável e fala muito bem inglês!

– Você me deu uma excelente ideia, Adriana! Muito bom! Obrigado. Claro que não é o caso de debochar, sei que essa turma mais nova é assim, só não sabia como tratar o assunto e agora achei um bom caminho. Vamos lá, desculpa, siga com seu assunto.

– Sem problemas! Então, André, como você deve ter percebido, eu fiquei um pouco chocada na reunião passada, mas, depois de refletir, acho que você não tem nenhuma culpa. Você ainda é inexperiente na função e nem deveria estar apresentando um projeto dessa magnitude! Não que não seja tecnicamente capaz, mas você viu como foi massacrado até por mim mesma!

– Nossa, nem me fale! — suspirou André mais aliviado.

– Sabe, André, é óbvio que precisamos olhar para os números. Sem os resultados não há empresa! Mas existe outra coisa importante para todo acionista, que se chama longevidade. Não adianta ter uma empresa que fature alto e que dure pouco.

André olhava para ela assimilando aquelas palavras, porque havia sabedoria em suas colocações. Adriana continuou:

– E grande parte da longevidade da empresa reside no bem-estar de seus colaboradores e na satisfação dos seus clientes. Sem eles não conseguimos nada, concorda?

– Sim. É uma conta que precisa fechar! — concordou André.

– Empresas levam anos para construir uma imagem sólida de um bom lugar para se trabalhar e de confiança com seus clientes. Funciona mais ou menos como um relacionamento entre marido e mulher. São anos construindo o relacionamento, mas basta um passo em falso, um arranhão na confiança, por exemplo, para colocar tudo a perder!

André sentiu seu estômago doer, lembrando que talvez estivesse seguindo nesse caminho com Paula. Precisava tomar as rédeas dessa situação também.

– Nós apoiamos a sua promoção, André, pois você sempre foi muito competente e dedicado à empresa. Mas sabíamos que você ainda não estava preparado para a função. Ainda não está. E quer ver uma coisa? Há quanto tempo você sonha com essa promoção?

– Há uns dois anos, Adriana, embora soubesse que isso dependeria da abertura da posição, obviamente.

– E nesses dois anos; André, quantos cursos você fez para se aprimorar? Quantos livros você leu sobre gestão para estar mais preparado para quando o momento viesse? Como está o seu progresso no inglês?

– Er... – titubeou André tentando não acusar o golpe. — Bom, sabemos que estamos com *budget* reduzido para esse tipo de investimento, não é, Adriana? Sem contar que, devido aos projetos em que estive envolvido, sempre trabalhando até tarde, sobrava pouco tempo...

– Então, você só cresce quando a empresa investe em você, André? Você acha que pode ficar parado no tempo e no espaço esperando a promoção, pois no dia seguinte você acordaria um gerente pronto? Desculpe-me a sinceridade, não quero ser rude, mas se você não está tão preparado para a função, não é culpa da empresa! Se não fossem seus conhecimentos e habilidades financeiras, que são acima da média, talvez você nem fosse cogitado para a posição! Portanto, André, você precisa ir atrás do lucro. Eu posso te apoiar até certo ponto, mas cada profissional é o gestor de sua própria carreira – aconselhou Adriana.

André não tinha palavras. Realmente percebia o quanto fora acomodado durante os anos de empresa. Viu vários colegas fazendo cursos e atualizações, pagando com recursos próprios, e os considerou pouco inteligentes.

— Não tenho o que dizer, Adriana. Pensando friamente, acho que vocês deveriam ter trazido alguém do mercado, mais preparado!

— Não foi uma decisão fácil, André, mas, como eu te falei, seu conhecimento técnico, sua dedicação pela empresa e o empurrãozinho do

Geraldo acabaram nos trazendo até esse ponto. E não adianta chorar o leite derramado, temos que fazer isso dar certo. E está mais na sua mão do que na nossa!

– Me sinto culpado em não ter feito muita coisa diferente até hoje. Trabalho até tarde todos os dias, mas percebo que eu deveria estar fazendo coisas diferentes! Mais estratégicas, sei lá. A própria reunião com o *board*... foi muito diferente do que planejei e imaginei.

– André, você acha mesmo que conseguiria aprovar um projeto tão importante como esse, sem nunca ter conversado antes com o Carlos e o Alex? Você precisa buscar suporte com os outros diretores também. O que você acha?

– Eu estou entendendo. E respondendo a sua pergunta, sim, tenho que conquistar o apoio deles. Não sei exatamente como, mas preciso!

– Olha, eu já conversei com o Alex e com o Carlos também. Eles se comprometeram a te apoiar. Portanto, fica aqui o conselho mais importante: antes de preparar a apresentação para a próxima reunião do *board*, vá conversar com eles. Entenda o que não foi bem na última apresentação e tente aparar todas as arestas antecipadamente. Você ouviu o Dr. Paulo, esse projeto é de suma importância para a empresa, mas se os diretores não estiverem totalmente embarcados, a coisa não vira!

– E, André, por favor, estude muito sobre gestão de Técnicas de *feedback*, mediação de conflitos, negociação, liderança situacional e vários temas muito importantes.

– Posso te perguntar uma coisa, Adriana? Todos os gestores de hoje, que estão já estabelecidos, passaram por isso?

– André, eu posso falar pelos que eu já tive liberdade para conversar sobre isso de forma sincera, mas são pouquíssimos. Portanto, prefiro te contar um caso real. Uma vez, quando eu era criança, fui visitar a plantação de cana-de-açúcar no engenho do meu avô que morava em Pernambuco. Naquela época não tinha essa tecnologia toda para a agricultura, e a coisa era feita no muque mesmo, sabe? Os boias-frias lá com suas foices colhiam na plantação. Meu avô me perguntou qual deles eu achava que conseguia colher mais cestos. Eu bati o olho em um rapaz de quase dois metros de altura, forte como um touro, que aparentava ser incansável tamanha a força de seus golpes de foice no pé de cana e apontei para ele. Meu avô, que sempre queria me ensinar alguma coisa, sorriu e apontou para um rapaz franzino sentado à sombra de uma árvore afiando a sua foice e me disse: Drizinha, aquele moço ali, ó, afia a foice dele a cada meia hora. A foice é tão afiada que corta que nem manteiga, sem fazer força. Ele é o que colhe mais cestos aqui pro vô. E não adianta eu tentar ensinar os outros que eles acham que a força é o que importa. Como o vô paga por cesto colhido, é aquele magrinho lá que recebe mais todos os dias!

André, que imaginava vividamente aquela cena, tentava assimilar o que ouvia de Adriana.

– Então, André, o que eu percebo é que muitos profissionais não afiam as sua foices. Não fazem cursos, não se atualizam, não investem em literatura, não estudam novos idiomas, nada disso. Muitos gestores aprenderam depois de bater muito no pé de cana! Alguns continuam batendo até hoje. Você está tendo a chance de, ainda que tardiamente, correr atrás de sua pedra de amolar, André!

Sem palavras André se penitenciava por dentro.

[...]"

(Ricardo Basaglia e Guilherme Rego)

XVI

CRIANDO A SUA HISTÓRIA

EU SEI: tudo isso é muito bonito! Tudo é maravilhoso! Estou convencido de que usar histórias é a quintessência da gestão moderna. Mas, eu não sei *criar histórias*. E agora?! Estou perdido? Não há mais chances para mim? Serei superado por todos os meus concorrentes? Devo começar a pensar como e onde aproveitarei a minha iminente aposentadoria?!

– Antes de tudo, tenha calma, meu caro amigo! Fique tranquilo que o seu problema é o problema de todos os escritores, roteiristas, produtores, publicitários do mundo atual. Criar é tarefa hercúlea! Criar é troço difícil! Nem todo mundo tem o cérebro privilegiado de um Luís Fernando Veríssimo, de um Guimarães Rosa, de um Machado de Assis, de um Érico Veríssimo... Mas também não precisa de *tanto*.

Há gente e há deuses, e é por isso que existem altares para deuses. Nós, reles mortais, maioria maciça do planeta Terra, temos limitações, porém não é por causa delas que devemos nos dar por satisfeitos e morrer na omissão e na inércia (e na inanição!). Não precisamos ser Saramagos para criar histórias. Lembre-se que, no seu começo, nem Saramago já era

Saramago. Portanto, devemos e podemos começar a nossa "Jornada do herói" saindo da lassidão da nossa zoninha de conforto nos aventurando pelo arriscado terreno que é domar palavras.

Já divulguei diversas dicas anteriormente para favorecer a criação de uma boa história e, agora, vou fornecer mais uma. Observe este resumo e depois conversaremos mais.

Se você quiser escrever uma história atraente, deve:

– Antes de tudo, ler muito. Ler o quê? Poesia, romance, conto, crônica... Revistas especializadas e livros técnicos são muito bons. Mas não contribuem em quase nada para atiçar a sensibilidade artística e explorar emoções. Escolha, portanto, ao menos um livro de Literatura por mês. E um técnico por semestre. Assim, você terá futuro.

– Determine o estilo da história (aventura, suspense, romance...).

– Apresente seus personagens.

– Explicite a sua situação-problema.

– Dificulte a vida do seu protagonista.

– Determine um dilema moral.

– Tenha cuidado com a coerência do seu texto.

– Dê espaço para as emoções.

– Seja autêntico.

– Não queira "refinar" o seu texto com contextos elaborados demais e palavras que não sejam do idioma corrente.

– O importante é se fazer entender. O próprio Saramago dizia: "Os revisores de texto também têm que comer." Tente escrever com a grafia correta, obedecendo à Gramática, mas isso não é a coisa mais importante.

– Conduza a história para uma solução do conflito, nem que a solução não "solucione" algo. O seu final não precisa ser feliz. O importante é que você tenha um final.

– Após escrever a história, deixe-a decantar por – ao menos – três meses dentro da gaveta. Aconselho que você tenha amigos nos quais confie (e que não *precisem* lhe agradar) para, com imparcialidade e isenção, servirem como advogados do diabo do seu texto. Quanto mais honestos e cruéis eles forem, melhor. Depois, você deve aceitar apenas o que você desejar acatar. Mas, é muito importante que existam críticas e sugestões para abalizar a sua produção. Pode haver erros crassos de coesão e continuidade que você não enxergou, porque estava demasiado próximo ao texto. Você precisa manter a distância necessária. Perto demais ou longe demais sempre turva a vista.

XVII
BIOGRAFIAS DE EMPRESAS

HOJE é a coisa mais comum que existe. Descobriu-se o que já tinha sido descoberto faz tempo: as histórias vinculam, envolvem, engajam, conectam...

Por que, nos programas televisivos de *reality show*, torcemos mais por aqueles dos quais sabemos a história? E mais: por que contam a história de uns e não de outros?

Inclusive, aproveito para lhe sugerir que confira estas histórias no youtube www.youtube.com/watch?v=g3Rf5qDuq7M e www.youtube.com/watch?v=UvvkJrKKYF8. Ambos demonstram com enorme clareza como se pode utilizar o *storytelling* como uma arma poderosa para atrair a atenção e envolver a audiência, para não dizer: emocionar.

Por que tantas celebridades têm biografias?

Por que fazem tanta questão de contar uma história repleta de nobreza e de humildade de certos políticos?

– As perguntas foram só retóricas. Já sei que você tem a resposta para todas. Sei também que saberá a razão pela qual tantas empresas, atualmente, estão fazendo questão de contar as suas histórias.

A General Motors é já uma empresa centenária. E foi recentemente que decidiu contar a sua história para os consumidores. A empresa, poeticamente, chama esse ambiente do seu *site* brasileiro de a "Alma Chevrolet".

"William C. "Billy" Durant (1861-1947), um comerciante automotivo visionário, fundou a General Motors em 1908, no início contando com a reputação de Louis Chevrolet (1878-1941), um engenheiro mecânico famoso por suas habilidades de pilotagem, ele estabeleceu um recorde de velocidade em terra, em 1905, atingindo 111 mph. Durant contratou Chevrolet para corridas promocionais de alta visibilidade.

Em 1910, Durant foi forçado a sair da empresa que ele fundou, mas não seria dissuadido de continuar na indústria automobilística em expansão. Ele se reagrupou com outros parceiros, inclusive Chevrolet, para desenvolver um carro novo. Durant acreditava que a reputação de Chevrolet como piloto ajudaria a vender carros, por isso a empresa levou o seu nome.

A Chevrolet foi fundada em 1911 e seu primeiro carro foi o Series C clássico Six, um carro bastante confortável e espaçoso. Seu motor de seis cilindros produzia 40 cavalos de potência e permitiu uma velocidade máxima de cerca de 65 milhas por hora. Foi vendido por $ 2.150 ou o equivalente a cerca de 50.000 dólares hoje, quando ajustados pela inflação.

Apesar de seu alto preço, o Chevrolet era bem visto pelo seu estilo, precisão e conforto. Durant também estava produzindo um carro menor, mais acessível, chamado Little. As vendas de ambos foram fortes, mas Durant reconheceu a força do campo nesse mercado e dirigiu sua empresa nessa direção. O Chevrolet Series C e o Little foram produzidos até 1913. Em 1914, a plataforma básica pouco foi refeita com o Chevrolet Modelo L, e mais tarde naquele ano, o Modelo H foi lançado.

A renovada linha Chevrolet teve sucesso imediato, graças a um preço orientado por valores e um motor de quatro cilindros que provou ser muito durável. Apesar do sucesso inicial da empresa, Durant e Chevrolet divergiam sobre a filosofia de produtos da empresa. O abismo entre eles resultou em Durant comprar a participação de Louis Chevrolet na empresa em 1915.

(...)"

A Johnnie Walker veiculou na Internet um filme institucional chamado "O homem que andou ao redor do mundo", que é uma obra-prima. Nesse comercial de mais de cinco minutos, coisa rara para uma peça publicitária, o excelente ator Robert Carlyle é filmado sem cortes. Ele caminha pelas colinas de Loch Doyne, na Escócia, contando, em detalhes, a história de como um órfão de 15 anos abriu em 1820, em Kilmarnock, uma pequena loja que vendia chás, vinhos, bebidas e comidas secas. Utilizando-se de toda a sua habilidade e inventividade, Johnnie iniciou a produção do seu próprio uísque, o qual acabou virando a marca que hoje é mundialmente famosa.

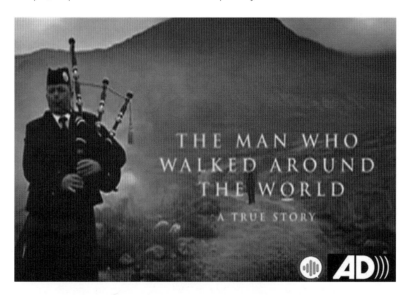

Com um texto que parece ser retirado do Monomito de Campbell, a peça publicitária foi premiada em Cannes, em 2010, e você pode encontrar no *link*: www.youtube.com/watch?v=tek69fP18Gk.

As Casas Bahia também têm o hábito de contar para os seus colaboradores a história de coragem, superação e perseverança do seu notável fundador, Samuel Klein. Um homem dos mais notáveis que, infelizmente, nos deixou recentemente. Samuel teve uma história que é uma verdadeira "Jornada do herói", a qual pode ser conferida no *site* da empresa:

O mascate que construiu um grande império no varejo

Polonês naturalizado brasileiro, Samuel Klein completou 89 anos em 2012. Quem esbarra com ele dificilmente vai associá-lo ao empresário que em seis décadas ergueu um dos maiores e mais sólidos empreendimentos do varejo brasileiro. Simples, de camisa polo e chinelos franciscanos, boa conversa e um vibrante sotaque judaico, Samuel Klein pode ser facilmente confundido com o público – os fregueses, como ele costuma se referir aos milhões de clientes que frequentam suas lojas.

Vendedor nato, Samuel Klein adora contar histórias do mundo dos negócios. Nem de longe deixa transparecer os horrores vividos durante a Segunda Guerra Mundial, quando abandonou uma Europa ameaçada por regimes autoritaristas e fincou raízes em São Caetano do Sul, na Grande São Paulo. Sobre esse tempo, Klein parece ter uma memória seletiva. O passado deixou suas marcas, mas não dirige o futuro. "Eu vivo e deixo os outros viverem", costuma dizer.

A origem humilde – Samuel Klein nasceu em Lublin, na Polônia, o terceiro de nove irmãos, filho de carpinteiro de família judaica. Aos 19 anos foi preso pelos nazistas e mandado com o pai para o campo de concentração de Maidanek, na Polônia. Sua mãe e cinco irmãos mais novos foram para o campo de extermínio de Treblinka, e Samuel nunca mais os viu. Ao lembrar desses tempos, Samuel afirma que sua sorte foi ser jovem e forte, pois isso fez com que os nazistas o mandassem para um campo de trabalhos forçados, onde sobreviveu com suas habilidades de carpinteiro, ofício que havia aprendido com o pai.

Sua sorte começou a mudar em 1944. Aproveitando-se de uma distração dos guardas, Samuel sumiu no mato a caminho da Alemanha, conseguiu fugir, permanecendo na Polônia até acabar a guerra. Em seguida foi para Munique, na Alemanha, em busca do pai.

Na Alemanha, Samuel fez de tudo para ganhar a vida vendendo produtos para as tropas aliadas. Em cinco anos juntou algum dinheiro e casou-se com uma jovem alemã, de nome Ana.

[...]

O Colégio Santa Cecília é uma escola religiosa de origem belga que aportou no Brasil no século XIX. A escola completou, em 2011, 100 anos de atuação na cidade de Fortaleza, sendo reconhecida pela comunidade pelo seu trabalho de excelência e serviço à Educação.

Nesse ano comemorativo, não era difícil ouvir até das menores crianças a história das freiras corajosas que, no século XIX, deixaram a Europa para serem missionárias e evangelizar os jovens do Brasil. Disseminar a "causa" e o histórico dessa façanha foi uma maneira sofisticada e coerente de fidelizar famílias, angariar admiração e engajar colaboradores. O resultado foi que o orgulho de ser "Santa Cecília" podia ser visto no rosto de todos.

Em 2011, além de publicar o livro comemorativo, o Colégio Santa Cecília realizou diversas festividades, solenidades e ações para comemorar o seu centenário. Entre as iniciativas mais interessantes, houve um "abraço" simbólico à escola feito por pais, alunos, ex-alunos e funcionários.

Algo poderia ser mais representativo para "louvar" a história de uma instituição do que esse "afago coletivo"?

Conheci Vilson Cassia Jr. num dos meus primeiros *workshop's* em Campinas. Desde então nos encontramos em diversas oportunidades. Vilson é um tipo grande, bonachão, de risada fácil, e com enorme sede de conhecimento. Tive a chance de participar da concepção do seu filme institucional, o qual foi completamente inspirado nas teorias do *storytelling*.

Observe como o próprio Vilson explica como foi usado o *storytelling* para criar uma ação que envolvesse clientes e colaboradores no seu negócio: a Villeneuve.

"Em nossa missão, "**Somos especialistas em moda, conquistando clientes amigos em uma relação duradoura de respeito e sucesso.**", que nos molda a um comportamento linear e incansável, passando pela criação de produtos que são desenvolvidos com exclusividade e que trazem individualidade a cada um de nossos clientes, e ainda criando ambientes que possibilitam uma convivência prazerosa e descontraída em nossas lojas, A VILLENEUVE MENSWEAR demonstra que sempre teve o forte desejo de gerar momentos que marquem experiências em nossos clientes e também em todos que dela fazem parte.

Para que isso aconteça na prática, entendemos que contar uma boa história, fundamentada em conteúdo que viesse ao encontro com o DNA da marca, poderia nos ajudar a fazer com que a compreensão de nossos objetivos fosse bem mais substancial, marcante e que pudesse ser inclusive, disseminada.

A história do filme trata de uma relação muito bonita entre um pai e um filho que têm o convívio muito saudável em todas as fases da vida. Desde o início, pai e filho são muito próximos e o grande companheirismo entre os dois permanece em diversas fases da vida dos dois. O filho, como é natural, cultiva pelo pai um sentimento de muita admiração e, mesmo na adolescência, quando as crises comuns da idade aparecem, o garoto busca na figura do pai uma referência, uma força, uma segurança. Os momentos partilhados em harmonia genuína os enchiam de segurança e de vitalidade, e, com isso, inevitavelmente a sorte os acompanhava.

Os dois tinham outra ligação: as estrelas. Nas histórias que o pai lhe contava, sempre falava das estrelas. Tanto que as estrelas viraram um símbolo para ambos. É por isso que a estrela está na logomarca da empresa até hoje, para ser carregada no peito como uma lembrança da sorte, dos bons momentos e da positividade encontrada nas coisas boas da vida.

A história se desenrola e passa pela formação escolar do garoto, sempre com o pai ao seu lado. Mas alegrias também se misturam às tristezas da vida, que pelo seu curso natural faz com que o seu pai o deixe. O filho – logicamente – sofre muito, mas se refaz pelo exemplo do pai e, principalmente, quando olha para o céu e enxerga as estrelas, encontrando forças para seguir em frente. Para ele, as estrelas são como os olhos de seu pai, a segurança que nunca deixou de lhe acompanhar.

Dessa experiência, surge o forte desejo de compartilhar com todos essa energia, vivência e os momentos únicos. De um céu rajado pelo crepúsculo azul, branco e vermelho e da primeira estrela a brilhar no céu todas as noites, surge a inspiração que, formatada em um símbolo, expressa o desejo de viver.

A História termina convidando todos os que acreditam em momentos como este a fazer parte do nosso mundo. Do que chamamos: mundo Villeneuve.

Temos veiculado nossa história em nosso *site*, *facebook*, em debates, palestras, em todas as possibilidades que temos de expor nossas ideias. Toda nossa equipe convida nossos clientes novos e mais antigos a visitar nosso *site* www.villeneuve.com.br e a conhecer a história. Além disso, veiculamos o filme nas nossas lojas, em telões e recursos de áudio e vídeo. As reações têm sido sempre positivas, porque a emoção presente na história atinge a todos e a mensagem que queremos passar de partilha, amor, relações duradouras, respeito e sucesso é entendida igualmente.

Como exemplo concreto, cheguei recentemente a notar pessoas chorando em uma apresentação que fiz. Após a palestra, uma senhora me agradeceu e disse querer fazer parte desse nosso mundo. Eu também quero a minha estrela, disse ela. Isso é muito gratificante. (Vilson Cassia Jr. – Diretor da Villeneuve)

Vilson não exagera quando relata a reação das pessoas que assistem ao seu filme institucional. Realmente, há claras demonstrações de emoção. E o interessante é que em nenhum momento se fala de elegância ou sofisticação, palavras sempre presentes em campanhas promocionais de roupas. Na verdade, nem de roupa se fala. Os personagens também não "vestem" as roupas da empresa. No filme, se fala apenas do amor e de companheirismo entre pai e filho.

No entanto, no fim, o vínculo com a marca é estabelecido. Com certeza, em virtude da "verdade" que a história conta. Amor entre pai e filho, por sinal, está no âmago de cada um de nós.

Foi assim que, com inteligência, sensibilidade e audácia, a Villeneuve conseguiu através do *storytelling* acessar seus clientes e motivar colaboradores.

Rumo às estrelas, Vilson!

XVIII
A BAD STORY
QUANDO A HISTÓRIA É MAL USADA

VOU seguir a minha própria cartilha fazendo uso de *storytelling* para explicar *storytelling*, e, no caso, como uma história pode funcionar errado. Para isso, peço-lhe que leia com atenção esse conto que produzi para o meu livro *Palavras amargas*.

Crime doloso

Eu não tenho culpa de nada.

Sei que todo mundo alega esse tipo de coisa, mas se você escutar o meu lado da história vai perceber que a razão joga no meu time.

Eu já teria dito mais de mil vezes caso tivesse nascido com o dom da fala, mas, infelizmente, as minhas condições existenciais me impedem de declarar verbalmente alguma coisa.

O fato é que algum desavisado, realmente, poderia me acusar do ato criminoso, pois, de certa forma, mesmo constran-

gido, não posso negar que o ferimento fatal foi infligido realmente por mim.

Sim. Não posso me escusar dessa acusação. Essa é uma coisa que, mais cedo ou mais tarde, vai acabar resvalando na dialética, entretanto preciso insistir que a chaga mortal foi provocada por minha causa, mas não por minha culpa. O diabo é que compreendo que esse fenômeno se apresenta confuso para os olhos destreinados do observador comum, por isso tanto estou me empenhando na labuta dessa exposição de fatos.

Tudo começou naquela determinada hora e naquele exato dia da semana. Afinal, tudo, exatamente tudo sempre começa em certas horas e dias. Há, portanto, certos momentos, mas não obrigatoriamente momentos certos para certas coisas. E nunca, absolutamente, nunca deveria haver momentos para crimes. Crimes não cabem em agendas. Segunda-feira, 4 de fevereiro de 2013, 15 horas e trinta e três minutos, matar tal sujeito. Não, não cabe. O problema é que esse crime coube. Foi um crime daqueles com nome em dicionário. Na verdade, com mais sobrenome do que prenome. Crime batizado é crime agravado. Esse específico atende pelo nome de Crime Premeditado.

E foi. Ele planejou tudo.

Já vinha planejando fazia tempos.

Elaborou todo o cronograma, viu e reviu toda a sequência de atos, os quais, fatalmente, desembocariam no episódio final, num corpo ensanguentado e esparramado ridiculamente no chão. Porque, não há morte honrosa. Toda morte avilta o ser vivo. Não pulsa nada, nem sequer dignidade, em defuntos. Toda morte é, a rigor (mortis), ridícula.

E assim foi.

Ele se achegou cedo na casa da amancebada. Coisa peculiar porque não era dos seus hábitos comparecer previamente em qualquer lugar que fosse. Desde muito cedo, suas chegadas eram naturalmente tardias.

A mulher se assustou quando verificou a sua presença na cozinha. Rapidamente ela se deu conta de como havia sido fácil o acesso à antiga casa. Simples assim: ele ainda possuía a chave.

Quando ela o flagrou, ele ostentava numa mão um copo suado pelo frio da água gelada e na outra, uma faca. Sim. Uma faca. Eis que se apresenta a suspeita. Nada de anormal na tal da faca. Apenas um cutelo comum, lâmina já meio carcomida pela pedra de amolar, cabo marrom puído pelo excesso de uso.

Ela quis correr quando avistou a pontuda. Na verdade, ela quis não, ela desejou. E como todos sabem, desejar é uma coisa, querer é outra. São fenômenos diferentes. Querência tem força própria, recebe patrocínio privado e incentivo dos órgãos públicos. Desejo, por sua vez, detém de parcas verbas, merecendo apoios só quando tem a fortuna de se tornar querer.

Pois ela desejou correr, e como era somente desejo, não correu. Por isso morreu desejando outra coisa, mas sujando de vermelho, a cozinha, o copo esbagaçado no chão e a chave largada na mesa pela mesma mão que empunhava a famigerada.

“A famigerada!”

Odeio merecer esse tipo de alcunha. Tenho certeza de que nada fiz para justificá-la.

Perdoe-me, caro amigo, sei que falar de si em terceira pessoa sempre parece uma atitude esquizofrênica, ou de jogador de futebol, ou pior: de jogador de futebol esquizofrênico. Mas, nem sobre isto tive tantas alternativas.

O fato é que ele me deixou lá como prova do crime, banhada de sangue e de digitais lambuzadas de sangue.

Não tive escolha. Se pudesse, não teria rompido pele, carne, músculo e órgão vital. Não aprovo sinistros. Não são do meu feitio. Nem sequer fui feita com essa intenção ou para esse fim. Minha natureza se inclina para exercícios mais produtivos. Prefiro, por exemplo, ajudar no preparo dos manjares para os comensais. Teria preferido, caso pudesse preferir algo na minha essência fronteiriça de coisa. Coisas não preferem. No máximo, são preferidas a outras.

Não obstante, mesmo destituída do dom da vida, sei que a vida tem lá seus caprichos e, por isso, nem tudo que é preferido é o que é recebido.

No fim, não duvidaria de que eu, logo eu, aparecesse como libelo da malvadeza. Então, fiquei ali, estirada, vexatoriamente imóvel ao lado do corpo inerte. Sem demoras, a mão que me moveu acompanhou a sua extensão para fora dos limites da casa, da cidade, da região. Já tinha tudo arquitetado, o ex-marido traído. Afinal, troço para cismar, para elaborar vinganças rebuscadas, para chorar remorsos abraçado com as pernas, é corno.

Já eu o que poderia mais fazer?!

Quem tem escolhas pode fazer escolhas por mais que se defenda declarando que não as tem. É inerente aos humanos esse privilégio, esse castigo, que atende pelo nome de Liberdade.

Já eu, delimitada, não padeço do talento do livre-arbítrio. Já sei que vão voltar olhos acusatórios e os dedos acusatórios para mim. Olhos pingando nojo e desprezo. Mas repito: destinem para os detentores de escolhas as suas graves denúncias.

Eu sou apenas um ser abjeto, e como objeto, nasci isento de opções.

A *bad story* – quando a história é mal usada   **149**

Bom... Você é um cara esperto (sabe escolher bons livros para ler etc.) já deve ter percebido aonde quis chegar ao abrir este capítulo com esta narrativa: o *storytelling*, como ferramenta que é, não é nem bom nem mau.

Sim, e ele pode sair pela culatra.

Quando? Especialmente em três ocasiões bem distintas:

a.
Não basta ter a história, é preciso saber contá-la:

Há quem saiba contar histórias e há quem não saiba. Quem sabe, transforma até a pior, a mais manjada do mundo numa oportunidade perfeita para o riso. Já quem não sabe, destrói até o melhor texto. Se você faz parte do primeiro time, ótimo, treine. Treine para alcançar a perfeição. Aprenda a se movimentar, a usar o gestual, o não verbal e, é claro, o verbal. Não despreze uma boa pausa, amigo. Bons oradores sabem quanto fala o silêncio. O silêncio na hora certa.

Já se você faz parte do segundo grupo, ops. Você tem um problema. Não deve desistir. Deve se esforçar mais ainda. Deveria até fazer umas aulinhas de teatro ou de oratória. Coisa que as nossas escolas, infelizmente, não fazem mais. Uma burrice rematada. Os colégios ensinam um milhão de coisas inúteis e se esquecem da úteis. Fora as muitas que nunca iremos usar, mas algo tão necessário quanto é saber se expressar e defender suas posições, poucos ensinam. Dá para entender?!

Caso você se esforce e se esforce, mas não aprenda. Bem, para você, quero contar uma historinha. Você vai compreender o "espírito da coisa" ao seu término.

Durante muitos anos fiz parte de um coral. Gostava muito de cantar e fui vocalista de uma banda nos anos 1980. Lembro-me de – certa vez – um amigo nosso que se chamava Marcos Aurélio fazer teste de voz com a nossa professora de canto. Marcos era (e ainda é) um cara muito querido por todos e o grupo torcia muito que ele pudesse integrar o coro. O problema era que, em algumas horas e para certas coisas, caráter não conta tanto quanto deveria. Há gente sem qualquer decência, mas talentoso do pé ao fio de cabelo. Por azar, não era essa a qualidade do nosso Marcos.

Eu me lembro que esse teste durou quase uma hora. A professora tentou tudo o que pôde, mas o nosso amigo não acertava uma nota sequer, nem por acidente. Marcos, de fato, conseguia desafinar até falando. Por fim, a maestrina pegou um pandeiro e entregou para ele e foi para casa.

Também descobri, na minha vida, que devo me esforçar demasiado para conseguir o que quero. Esforçar-se é o combustível da vitória. É a matéria-prima do sucesso. Mas, por vezes, percebi que era preciso mudar a rota do meu querer. Não é desistir. É apenas querer diferente. Desejar outra coisa. Pegar o pandeiro e ser feliz.

b.
Storytelling do mal

De fato, infelizmente, não é raro que o *storytelling* seja usado para o mal. Isso, infelizmente, ocorre muito. Os políticos cafajestes (pleonasmo?!) praticamente se apropriaram da "Jornada do herói". Todos têm mentores maravilhosos (geralmente outros cafajestes, porém mais famosos). Todos são os heróis que vão nos resgatar das injustiças que nos são impostas (por outros políticos cafajestes). Todos têm os melhores parceiros e os piores inimigos. Sofrem as maiores perseguições, são difamados, vilipendiados e se sacrificam pelo bem dos mais fracos e humildes. Também todos vão deixar legados – um elixir – para o seu povo querido e amado. São heróis espetaculares. Se tivessem uma capa e usassem cueca por cima da calça, decerto, voariam. Ou seriam santificados. Ou seriam santos que voavam.

Hitler, por exemplo, é um caso clássico de um péssimo *storytelling* que funcionou. Hitler quase ganha a Segunda Grande Guerra através do *storytelling*. Lógico que a pistola luger, os tanques panzer, as metralhadoras MG 34 e 42, a força aérea – Luftwaffe e a disciplina do exército alemão o ajudaram muito, mas não fosse a sua enorme capacidade de orador e, por isso, de convencer as pessoas da barbaridade que ele pregava, Hitler teria conseguido tanta coisa?

Uma das indústrias mais fortes bancadas pela Alemanha nazista não foi só a bélica, mas a da propaganda. Joseph Goebbels dirigia e controlava tudo que se produzia de teatro, dança, música, cinema, literatura e o jornalismo da época. Com esse verdadeiro arsenal de doutrinação, não há dúvida alguma de que ele acabou dominando a todos.

É claro que houve resistência por parte de diversos alemães. Mas, por fim, essa massa crítica acabou fugindo, calando para não sofrer maiores represálias, morrendo ou inaugurando o primeiro campo de concentração, em Dachau. Coisa que – decerto – era pior do que calar, fugir e, por vezes, morrer.

Você já se perguntou por que queimaram livros nas praças da Alemanha? Porque aqueles livros eram *storytelling* ao contrário. Era o avesso do *storytelling* que queriam vender para o povo alemão. Portanto, só podiam ser queimados.

Como diz Eduardo Szklarz no seu excelente livro *Nazismo: o lado negro da história*:

"Pensadores racistas criaram o conceito de povo ariano, defendendo que os nativos do norte da Europa eram geneticamente superiores. Estava plantada a semente do nazismo.

O nazismo é uma ficção científica.

É um conjunto de ideias bizarras com o carimbo da ciência. Você sabe que um filme de ficção é pura mentira. Mas mesmo assim embarca na fantasia para rir ou chorar como se tudo fosse verdade. São duas horas de sonho, emoção e glória. Quando o filme termina, você sai do cinema e volta para a realidade.

Hitler ofereceu aos alemães a chance de nunca sair do cinema. O sonho do 3º Reich duraria mil anos. A Alemanha voltaria a ser a potência gloriosa do passado. E, com o aval da ciência dos anos 1930, foi mais fácil convencer os alemães da fantasia megalomaníaca de Hitler."

Eu lhe disse, meu amigo, o *storytelling* é uma ferramenta. Uma faca, por exemplo. Serve para partir pão, para passar requeijão, para cortar a carne... Serve também para ferir e matar. O que define a sua natureza? A mão. No caso, a mão e a boca.

Mais um trabalho para as nossas escolas e famílias: educar as crianças para usarem bem as suas habilidades, os seus talentos e conhecimentos. Não adianta nada para a coletividade, dominar a técnica e não ter ética para nortear esse uso. É como dizia a nossa mãe: Não brinque com fogo, menino!

C.
Criar é uma coisa. Mentir é outra

Nada mais legítimo do que fazer uma história baseada em fatos reais e florear, ou até fantasiar um pouco. Deixar a história mais atraente e palatável é de praxe (na verdade, fazemos isso o tempo todo!).

Inclusive, nada lhe impede, realmente, de criar uma ficção completamente fantasiosa para a sua empresa ou para o seu produto. Diga que o seu carro foi desenhado pelos deuses do Valhalla e que o protótipo foi trazido pelo próprio Thor. Diga que são duendes irlandeses que lhe forneceram a fórmula do seu refrigerante. Diga que Et's de uma das luas de Saturno lhe trouxeram o melhor sapato da Via Láctea... Pode dizer. Pode "viajar na maionese". Está plenamente autorizado. Porém, só não diga que essas histórias são verdadeiras. Há uma grande diferença entre *story* e *history*.

O fato é que tenho visto muito várias empresas perderem totalmente a sua credibilidade por causa de um *storytelling* exagerado, mal contado, falsificado. E o pior é que o produto pode até ser excelente, mas o mau uso da sua apresentação ou do seu *curriculum vitae* pode comprometer todo o resto. O julgamento popular pode ser cruel. O público – certamente – vai transferir o embuste da sua história para o seu produto ou serviço, e, então, a balela, como um câncer, vai irradiar e a metástase será inevitável. Ficção não pode ser confundida com mentira. E mentira, você já sabe: tem perna curta.

XIX
STORYTELLING E PUBLICIDADE

A VERDADE é que as agências de publicidade deveriam colocar dois bustos na entrada das suas empresas, um de Joseph Campbell e outro de Freud (também serve Jung), e que os publicitários deveriam fazer genuflexão diante deles todos os dias antes de trabalhar. Afinal, ficaria difícil imaginar a atividade desse profissional de comunicação sem as obras desses visionários.

O fato é que, atualmente, está cada vez mais difícil chamar a atenção do consumidor e encantá-lo. Existem anúncios e produtos demais no mercado e em meio a essa avalanche de demandas fica difícil se destacar. O que sobra na praça é o mais do mesmo. Coisa que não chama a atenção de ninguém.

As mídias tradicionais, as estratégias estabelecidas e os velhos discursos de vendas estão enxovalhados e puídos de tão usados. Nesse contexto, só há um jeito: ser muito criativo. E é, nessa hora, que o profissional diferenciado vem à tona e se torna mais do que útil para a empresa, torna-se, na verdade, um bem imaterial.

As histórias são ferramentas fundamentais porque geram emoção, identificação e envolvimento, elementos que prendem mais do que qualquer outro a atenção dos expectadores. O mundo publicitário sabe bem disso e se apropriou do *storytelling* tanto quanto os roteiristas de TV ou cinema. Já faz um tempo que os criadores de campanha usam as narrativas para atrair e conquistar o público consumidor, o qual, diga-se de passagem, muitas vezes, deseja mais experiências do que os serviços e produtos oferecidos. Quantas vezes não vemos a campanha ser melhor do que o produto?!

O maior desafio deste profissional é sempre conseguir aliar a história ao produto sem fugir do seu contexto (*storyplacement*) e ainda continuar a vendê-lo. O problema é que, às vezes, a propaganda é ótima para vencer prêmios, porém não aumenta nada as vendas do produto ou serviço. Ninguém é contra prêmio. Mas se o empresário não conseguir escoar o que produziu, ela perde a sua função.

Nós sabemos qual é o grande "pulo do gato" do *storytelling*, é que ele consegue acessar com enorme eficiência o inconsciente e o emocional dos consumidores, criando muito mais envolvimento e, naturalmente, a tão almejada "lembrança da marca". E se a publicidade for trabalhada como *transmedia storytelling*, utilizando-se de várias mídias diferentes, mais atraente ela se tornará. Essa abordagem tende a fortalecer mais ainda a narrativa e possibilita que a campanha tenha um alcance ainda maior de público.

Vejamos como o meu amigo e talentoso publicitário, Tadeu Brettas, conseguiu aplicar o *storytelling* na sua larga experiência como profissional de marketing:

a.

Um exemplo de campanha

Que São Martinho nos abençoe

"Meu nome é Tadeu, sou publicitário e na profissão sou "Redator". Ou seja, gosto bastante de escrever e como os colegas de área sempre sofri com matemática e fui bem em português. Sou um homem de palavras e não de números, o que a desordem na minha vida financeira atesta.

Solicitado pelo grande amigo Max, autor dessa obra-prima (aliás, você já comprou a sua ou está lendo uma versão emprestada? Olhe lá hein?!) a escrever sobre *storytelling* em agências de propaganda, comecei a garimpar "causos" (aqui no interior o famoso *case* soa melhor assim). Isso me deu uma oportunidade incrível, que até então estava escondida. A de reencontrar um monte de campanhas, apresentações, momentos felizes e outros nem tanto.

Foi ver o filme (publicitário) da sua vida passando ali e ter a certeza de que foi divertido. Já há um ganho nisso.

Alguns dos leitores deste livro sabem que são personagens desses momentos. Obrigado por fazerem parte da minha história e agora desta.

Vamos à questão central proposta pelo Max. Todo profissional de planejamento e criação usa enredos, tramas, contos, piadas, verdades universais no seu trabalho. E não é de hoje, claro. O fato é que quando se dá um nome bonito a algo, é como se aquilo passasse a existir realmente. Antes, só há uma desconfiança.

Assim é com o *storytelling*, na publicidade ou fora dela.

E como funciona isso? É uma bagunça deliciosa. Um caos com propósito. Quando já se entendeu o problema de comunicação a ser solucionado pela campanha, o objetivo final da coisa, inicia-se o "como chegar lá", a famosa busca pela estrada de tijolos amarelos.

O entorno de uma ideia, a aura de um conceito, esse é o mundo da imaginação. Dele saem as histórias. O que nasce daí é o filho e que venha saudável, com uma vida longa pela frente.

O *storytelling* tornou-se mais forte e necessário à medida que a propaganda imperativa, que dizia "sou o melhor, me compre" foi perdendo eficácia e sendo substituída por um modelo mais democrático, que posiciona o produto ou serviço como atores coadjuvantes, dando espaço para que a principal atração seja o enredo em si, uma espécie de "pseudoprotagonista".

Técnica publicitária, sim senhor. Os elementos da persuasão continuam na essência da mensagem, mas habilmente vestidos com o figurino da ação, do drama, do romance e do suspense, entre outros.

Técnica que, a partir de um olhar menos contaminado por discursos ideológicos, transforma um simples comercial de TV em uma peça divertida, envolvente, arquetípica, inteligente.

Sessões de *brainstorming, ideation* etc. são resgates, recriações, apropriações de histórias nas quais o Santo Graal não é apenas encontrar a ideia original mas a originalidade de encontrá-la a partir da combinação de outras.

Ficou sério e erudito demais? Tenho certeza que não. Quem lê um livro, ganha um enorme estímulo para se aprofundar no assunto. As páginas anteriores e posteriores darão conta disso.

Devo contar um causo. Não por imposição do tema ou do autor, mas por não resistir. Quero segurá-lo, caro leitor, por mais algumas linhas.

Atuo no interior de São Paulo e já trabalho há 30 anos com propaganda. Temos uma riqueza por aqui. Em todo lugar há. A sensibilidade para encontrar esse tesouro é o que conta.

Em agências de publicidade menores, com verbas que nem merecem esse nome, criar uma campanha com base em *storytelling* é como ser um cartunista. A ditacuja precisa nascer, crescer e se encerrar em três quadradinhos.

É possível e sei que muitos colegas publicitários teriam boas para contar aqui.

Uma das que realizei, vivo contando em palestras. São duas histórias que aconteceram paralelamente. Começou como um filme estilo "Sessão da Tarde", virou terror, drama e por fim uma comédia nada romântica.

Peço licença ao leitor para não identificar a agência, cliente, época etc. Digamos que isso vai trazer uma aura de suspense para a história.

Fomos convidados para participar de uma concorrência pela conta publicitária de um grande empreendimento imobiliário. Um loteamento

Storytelling e Publicidade **159**

enorme, voltado ao público classe A/B, localizado em uma fazenda na região de Campinas-SP.

Na reunião com o *prospect* (nome lindo que se dá a alguém que um dia pode ser cliente), o diretor da empresa contou a história da fazenda, as suas como empresário e por fim disse que queria um final feliz em termos de resultado da campanha.

Estávamos em uma casa antiga, linda, da época em que o café comandava o agronegócio no país. É ainda hoje a sede do condomínio. Clima de nostalgia. Café passado no coador.

Eu procurava referências estéticas para me inspirar. Havia muitas. Morar naquele lugar seria fantástico. Em dado momento, reparei que havia na casa, a imagem de um Santo, em uma espécie de oráculo (confesso que não o reconheci). Pedi licença e a fotografei. Saímos felizes e com a intenção de ganhar aquela concorrência.

Dois dias depois, já na agência, pensando com a equipe no que fazer, recebemos na Criação o que parecia ser a referência definitiva: um livro grosso, capa dura, com a história completa das fazendas da região.

O presidente da agência havia recebido esse livro do "futuro cliente". E lá marcada, estava a fazenda "São Martinho da Boa Esperança".

Ótimo. Fazenda, santo, lugar abençoado pela natureza, sagrado, e aí todas as outras palavras desse universo semântico começaram a povoar nossa cabeça. Embora não fosse algo tão original assim, para o mercado imobiliário parecia ser um caminho menos clichê.

Fui atrás da história de São Martinho, buscando paralelos com o passado daquele lugar e principalmente pontos de convergência.

Ressalte-se que em publicidade, mesmo que a gente não encontre, é possível criar essas conexões. Isso não é ficção.

São Martinho dava jogo. Bom santo. Toda a campanha foi criada em cima desse "mote". Quarenta peças. Todas devidamente identificando a Fazenda São Martinho da Boa Esperança.

O *storytelling* era um casamento entre essa conjunção de fatores positivos, o material e o espiritual.

No entanto, logo no início da apresentação, um dos executivos da empresa, ao ver na tela o nome que atribuíamos à Fazenda, até então, levantou o braço, inscrevendo-se para uma improvável pergunta.

Isso não é normal. Mas como diz o poeta popular, "o que os olhos não veem, o coração não sente, mas o intestino acusa". Pausa dramática. E vem a fala do sujeito: "deve haver algum engano, essa fazenda que vocês citam, é a vizinha, mas não é a nossa."

Uma campanha inteira vendendo a fazenda do vizinho, com vaca e tudo.

Na empolgação, alguém havia entendido que aquele livro, o "livro de referência" estava marcado justamente na página correta.

Não houve checagem da informação. Não houve o racional. Apenas o emocional desmedido, o mergulho no erro. Paixão pela história errada.

Desnecessário dizer que ganhamos apenas experiência. Esse foi o pensamento a princípio. A apresentação foi até o final, fisicamente falando. Todos estavam espiritualmente longe de lá.

Lembrou de alguma coisa? Que santo era então o da foto que eu havia tirado, se não era São Martinho? Na apresentação, havia decidido colocar a foto dele e estava pronto para encerrar dizendo que tínhamos torcida até no céu.

Quando a imagem apareceu, o futuro-não-mais-cliente disse: "É São Judas Tadeu". Ao menos, meu Santo padroeiro surgiu. Não para salvar, mas para consolar.

Foram duas histórias. A do santo e a dos pecadores, nós no caso.

Continuo persistindo no enredo publicitário com vida. Produtos, serviços e marcas fazem parte do nosso dia a dia. Podem, portanto, ser retratados assim.

Uma boa história sempre traz ensinamentos. Mesmo que tenha um final infeliz."

b.

Cases de storytelling aplicado à publicidade

Nas minhas palestras, me agrada muito mostrar para os ouvintes algumas campanhas publicitárias e, principalmente, desafiá-los a identificar as etapas da "Jornada do herói", muitas vezes, claramente estampadas na peça. Vou sugerir aqui diversas dessas criativas propagandas e lhe pedir também para buscar os elementos do Monomito. Talvez você se surpreenda ao observar o quanto Campbell teve razão ao postular que aquela "típica sequência" está, realmente, difundida na cultura universal.

Confira:

– O ROTEIRISTA (CANAL PLUS): <www.youtube.com/watch?v=kOyVJtiSYRo>.

– EDUARDO E MÔNICA (VIVO): <www.youtube.com/watch?v=TYy-6-zUwrIY>.

– IMPIEZA ALGO NUEVO (IKEA): <www.youtube.com/watch?v=lDh-8dwpk1lM>.

– A FÁBRICA DA FELICIDADE (COCA COLA): <www.youtube.com/watch?v=pKjnmS4i0u4>.

– NO MEIO DO CAMPO TINHA UMA ÁRVORE (BRAHMA): <www.youtube.com/watch?v=pKjnmS4i0u4>.

– FROM GENERATION TO GENERATION (TIFFANY & CO.): <www.youtube.com/watch?v=2U2TTZvLnjA>.

– A SUA DOSE DIÁRIA DE DRAMA (TNT): <www.youtube.com/watch?v=2U2TTZvLnjA>.

Esses são só alguns exemplos de como a narrativa pode servir para gerar engajamento e, ao mesmo tempo, vender muito bem a sua marca. Você poderá observar, caro leitor, que todos os filmes, não só têm uma produção impecável, mas também têm um roteiro criativo e que explora diversos elementos da "Jornada". O melhor conselho que posso lhe dar, caso trabalhe messe setor, é que use desse atalho consagrado que é o Monomito e, também, crie algo que é essencial para qualquer profissional do mercado e ainda mais para quem, por obrigação, deva ser criativo. Esse "algo" obrigatório se chama *repertório*.

XX
REPERTÓRIO

QUER se diferenciar no mercado? É simples e óbvio: seja diferente.

Como se faz para ser diferente? Nada mais fácil, já que a maioria come igual, se veste igual, se comporta igual, se diverte igual, pensa igual. E a maioria, meu amigo, sinto lhe dizer, é de uma mediocridade ululante e de uma burrice acachapante.

Quer se destacar no meio da massa? Não seja massa. Seja, antes de tudo, inteligente. Os meios para isso não faltam. Nunca houve à disposição tanta informação, tantos bons filmes, peças de teatro, produções musicais e, principalmente, livros, como hoje. Então, o que lhe falta, meu amigo?

Sobre *livros*, vejo um maior interesse do mundo corporativo nos chamados "livros técnicos". Não os desprezo. Afinal, esses entre as suas mãos poderiam ser definidos assim, entretanto, lhe digo: existe mais coisas entre o céu e a terra do que livros técnicos!

Sabe o que é viver uma vida só e nunca ler Fernando Pessoa, Clarice Lispector, Rubem Braga, Fernando Sabino, Drummond, Platão, Hemingway, Shakespeare, Guimarães Rosa, Machado de Assis, Pablo Neruda,

Cecília Meireles, Alexandre Dumas, Oscar Wilde, Gabriel García Márquez, Carlos Ruiz Zàfon, José Saramago, Manuel Bandeira, Florbela Espanca, Tolstói, Dickens, Proust, Umberto Eco, Graciliano Ramos, Érico Veríssimo, Dostoievsky, Franz Kafka? Sabe como poderíamos chamar uma vida como essa? Desperdício!

"Sabe lá o que é ter que ter e não ter para dar?", canta o grande Djavan em *Esquinas*.

Pois tenha. Pare de arrumar as desculpas mais infames e arregace as mangas. Vá lá e afie a sua foice.

Para ser melhor profissional?

Sim, mas não só.

Para ser melhor filho, amigo, irmão, vizinho, cidadão, eleitor, pai, namorado, marido...

Temos que crescer todos os dias o máximo que pudermos. Essa é a maior experiência que podemos viver sobre a Terra e debaixo do sol: ser mais e melhor *gente*.

Afinal, é sempre desse mesmo tema que tratam as histórias. As mais belas e inesquecíveis histórias de todos os tempos e de todos os lugares falam sempre de nós mesmos.

REFERÊNCIAS BIBLIOGRÁFICAS

CAMPBELL, Joseph. *The Power of Mith with Bill Moyers*. Nova York: Doubleday, 1988.

CASTRO, Alfredo. *Storytelling para resultados*. Rio de Janeiro: Qualitymark, 2014.

GARGIULLO, Terrence L. *O uso de histórias no ambiente de trabalho*. IBPEX, 2011.

GLADWELL, Malcolm. *Fora de série, Outliers*. Rio de Janeiro: Sextante, 2008.

_____. *Davi e Golias*. Rio de Janeiro: Sextante, 2014.

GOLEMAN, Daniel. *Inteligência emocional*. Rio de Janeiro: Objetiva, 2012.

_____. *Foco*: a atenção e seu papel fundamental para o sucesso. Rio de Janeiro: Objetiva, 2014.

JUNG, Carl G. *O homem e seus símbolos*. Rio de Janeiro: Nova Fronteira, 2008.

KOCH, Stephen. *Oficina de escritores*. São Paulo: Martins Fontes, 2008.

MANGUEL, Alberto. *Lendo imagens*. São Paulo: Schwarcz, 2001.

MCSILL, James. *Lições de storytelling*. São Paulo: DVS, 2013.

PINSKY, Jaime (Org.). *Cultura e elegância*. São Paulo: Contexto, 2005.

RASQUILHA, Luís. *Tendências e gestão da inovação*. Lisboa: Verlag Dashofer, 2010.

SZKLARZ, Eduardo. *Nazismo*: o lado negro da história. São Paulo: Abril, 2014.

Vários colaboradores. *O livro da Psicologia*. São Paulo: Globo, 2014.

VERAS, Marcelo. *Gestão de carreiras e competências empresariais*. 100 dicas práticas. São Paulo: Atlas, 2014.

WOOD, James. *Como funciona a ficção*. São Paulo: Cosac Naify, 2011.

Formato	14 x 21 cm
Tipografia	Open Sans 9/14
Papel	Couché Matte 90 g/m^2 (miolo)
	Supremo 250 g/m^2 (capa)
Número de páginas	192
Impressão	Bartira Gráfica